FELICIDAD SOSTENIDA

Lorenzo Campins

lorenzocampins.com.ve
campinslorenzo@gmail.com
twitter: @1coaching
Facebook: Lorenzo Campins
Instagram: @lorenzocampins

Para mi ahijada
Andrea Freesoul
voz y luz de mi vida.

Prólogo

Seguramente habrás leído o escuchado sobre la felicidad, la famosa y tan anhelada felicidad. También estoy segura que si te pregunto en este momento: ¿qué es la felicidad? La mente se pondrá en blanco, titubearás tratando de darle sentido a algunas palabras que procuren definirla. Date cuenta, autoobservate, tienes que pensar, analizar, buscar qué es exactamente eso llamado felicidad. Y quizá hasta lo consideres como algo ajeno a ti, que cuesta conseguirlo y, en el peor de los casos, que no es para ti.

Y es que la felicidad es simple, puede ser una flor que te guste, ser una hermosa canción... felicidad es la que experimentas cuando ves la persona que amas y te corresponde. Felicidad puede ser estar contigo mismo un rato, a solas, sin que nadie te interrumpa y poder descansar. Sin embargo, esto que te estoy diciendo son apenas instantes que van pasando. Ahora te pregunto: ¿eres plenamente consciente de tus instantes de felicidad en el ahora?

A veces dejamos que la vida fluya sin percibir conscientemente muchas cosas por las cuales deberíamos estar más que felices. Por ejemplo, ¿eres consciente en este momento que tus anticuerpos seguramente están trabajando combatiendo algún virus o algún proceso dentro de tu organismo? ¿eres consciente de que estás respirando en estos momentos mientras lees y que cuando duermes sigues respirando y por eso sigues con vida? Seguramente la respuesta a ambas interrogantes es, no.

Evita mortificarte por esto, pues es lo común en los seres humanos, la intención es que lo mires, te des cuenta que tu inconciente ha almacenado desde tus inicios de vida en el vientre materno un sinfín de memorias que can moldeando estructuras mentales, las cuales, así de la nada, pueden hacerte reaccionar ante determinados estímulos, pueden hacerte evocar recuerdos, personas y con ello emociones. ¡La mente es sumamente poderosa! ¡Si! pero no te quedes allí, pon en práctica tu mente en positivo, impide que aquellos que te vendan la tristeza, la queja y la frustración tengan éxito y hazte consciente, ¡actívate!

Tu puedes repetir una y mil veces "soy feliz" y decirnos a todos lo feliz que eres y tu pre-frontalte dirá: "no, no es cierto". ¿Sabes por qué? por que persisten tus estructuras y patrones con los que creciste.

 Decídete entonces a ser otra persona. Experimenta día a día ese cambio y si un día caes, ¡hazlo conscientemente! Y luego sigue adelante conéctate de nuevo con algo que te de bienestar.

Por eso te recomiendo ampliamente este libro que Lorenzo Campins escribió para compartir contigo su aprendizaje, ya que representa una herramienta poderosa para que puedas hacer esa transformación en positivo en tu ser, utilizándolo como un manual de uso frecuente que te ayude a entender las diferentes perspectivas del complejo concepto de felicidad, que a su vez es lo más simple de esta vida, sólo que el ego adormece los sentidos manteniéndote en el engaño que cuando tengas algo o seas alguien específico serás feliz, estos son paradigmas que te estancan.

Cuando entiendas desde lo más científico a lo más simple el compuesto de la felicidad, tal y como lo describe el autor, darás un giro a tu existencia.

Camina bajo el acompañamiento de Lorenzo Campins a través de esta herramienta y logra tener y mantener una Felicidad Sostenida en cada respiro de vida.

Un abrazo de luz de Ser a Ser

Sonia Miguel

Introducción

Como ya es costumbre en mis obras comenzaré explicándoles a los lectores mi motivación original para este libro.

Aunque he vivido una vida de búsqueda de conocimiento y respuestas, los últimos 12 años han sido determinantes en mi nivel de evolución y en la consecución de un nivel de FELICI-DAD elevado y sostenido a pesar de no estar exento de una buena alícuota de desafíos y circunstancias adversas que muchas veces percibí como problemas.

Ahora ya adentrado en la sexta década de mi vida me resulta relativamente mas fácil voltear atrás y ver cada etapa de mi vida con la perspectiva y sindéresis que solo otorgan los años y la madurez.

Durante este paseo por el planeta he visto con sorpresa que la mayoría de la población mundial SOBREVIVE, y solo una fracción marginal EXISTE, y no estoy hablando de dinero, estoy hablando de PLENITUD. He sido suficientemente afortunado por viajar en forma extensa e intensa por el mundo y donde quiera que voy encuentro mucha gente profundamente infeliz, gente que ni siquiera se plantea el dilema de encontrar la felicidad y claro está, son infelices.

Yo mismo me reconozco como un alma errante que visitó diversas corrientes de pensamiento, países, oficios y relaciones, pretendiendo encontrar en ellos la olla de oro de la felicidad.

Por desgracia pocos seres humanos pueden hacer eso.

Según a cifras del Banco Mundial, cerca del 33 % de la población global sigue siendo pobre, lo cual significa que de acuerdo a la pirámide de MASLOW mas de 2.300 millones de personas están viviendo en los niveles básicos de necesidades biológicas y tal vez seguridad. Obviando la afiliación, el reconocimiento y la autorrealización que es donde puede experimentarse la felicidad en forma mas sostenida. Eso no significa que esos millones de seres humanos sean incapaces de sentir felicidad, no. Lo que significa es que la experimentarán en forma efímera y a menudo vinculada a estímulos externos.

Entonces de todo ese periplo por sitios, personas y experiencias concluí que los seres humanos casi siempre terminamos relegando la felicidad, subordinándola a tantas otras tareas, obligaciones y creencias que a menudo se nos pasa la vida y apenas la hemos podido saborear.

Estamos en un momento histórico de cambios vertiginosos, no solo tecnológicos, sino relacionales y de conciencia. Nunca antes el ser humano había tenido tantas opciones, y sin embargo somos poquísimos los que podemos mirar a los demás a los ojos y decirles sin pudor YO SOY FELIZ.

Esa es mi motivación, desmistificar esa noción externa, suprema e inalcanzable de felicidad para poder poner al servicio de ustedes lectores mi experiencia, mi viaje por la vida y mis investigaciones para brindarles no solo hallazgos teóricos y hechos puros y duros sino también herramientas de aplicación práctica que puedan resultar en un flujo psíquico optimizado que les permita SER FELICES mas que simplemente ESTAR FELICES.

CAPITULO 1
CONCEPTOS

La **felicidad** se puede definir como una combinación entre la satisfacción que una persona tiene con su vida personal (familiar, de pareja, trabajo) y el bienestar mental que siente en el día a día.

Ser feliz significa encontrarse en un estado mental de bienestar compuesto de emociones positivas, desde la alegría hasta el placer. El concepto de la felicidad es difuso y su significado puede variar para distintas personas y culturas. Términos relacionados son bienestar, calidad de vida, satisfacción y plenitud.

¿Alguna vez has intentado definir la felicidad o has buscado su definición en el diccionario? Si la respuesta es sí, te habrás percatado de lo difícil que es encontrar una definición de este concepto que no incorpore un sinónimo de la misma palabra. Ademas no nos resulta fácil medir exactamente el grado de felicidad que siente una persona.

En la actualidad y debido a la gran cantidad de infelicidad que existe con el desarrollo del mundo moderno, la ciencia que estudia la felicidad ha cobrado una gran importancia.

Desde el origen de los tiempos, filósofos, líderes religiosos, escritores y famosos pensadores como Aristóteles se han hecho esta pregunta, a la cual han intentado dar respuesta. Para éste la felicidad tenía dos aspectos: la Hedonia (placer) y la eudaimonia (una vida vivida).

En la psicología contemporánea, este concepto se torna aún más elaborado si nos centramos en la forma que tiene el Dr. Martin Seligman de entenderlo. Para él, además de entender la felicidad como vida placentera, significativa y de compromiso, también incorpora las ideas de que la felicidad se sustenta además, por las relaciones de calidad que una persona tiene así como por sus éxitos y logros.

Por otro lado, también sabemos la fórmula matemática o los factores que determinan nuestra felicidad, "El bienestar Subjetivo" o SWB sus siglas en inglés:

- Nuestros genes determinan nuestra felicidad en un 50%.

- Por otro lado, el 10% está determinada por las circunstancias que nos rodean.

- Y el 40% restante está desencadenado por las actividades que hacemos a diario (Lyubomirsky, Sheldon y Schkade, 2005).

Dicho lo anterior, podemos llegar a la conclusión de que nuestra felicidad está regida por estos tres elementos y de que aunque exista un 60% de nuestra felicidad que se pensaba que no podíamos controlar, ahora según el concepto de la EPIGENETICA sabemos que si. Nuestra actitud PUEDE CAMBIAR NUESTROS GENES. Ademas nos queda un 40% del que si somos responsables en las actividades que forman parte de nuestra vida diaria.

¿Qué nos hace ser felices? ¿Se puede ser más feliz? Estas y otras cuestiones son a las que trataré de dar respuesta en este libro. Para dar respuesta a la primera de las preguntas, la ciencia ha comenzado por estudiar las diferencias entre las personas felices y las personas infelices, o analizar las características asociadas a una mayor felicidad. La segunda de las preguntas -¿se puede ser más feliz? Vendría a ser la razón de ser del libro. La respuesta es una rotunda afirmación. En el libro presentaré tres grandes áreas de la realidad humana que predicen la felicidad: los genes, las circunstancias y la actividad deliberada.

Los genes marcan la línea base o valor de referencia de la felicidad de una persona, y predicen hasta un 50 por ciento de la felicidad de la persona. La buena noticia es que esto solo marca una proclividad en la vida del individuo pero a medida que se cultiva la inteligencia emocional cada persona puede elegir alejarse o acercarse a esa proclividad original. En palabras mas simples: Si alguien hereda un problema genético, lo que esa persona decida hacer con el problema puede reducir su peso específico en su felicidad. Luego están las circunstancias vitales y a pesar de la creencia popular su impacto en nuestra felicidad es apenas de un 10%. La percepción general se debe a que todos los medios de comunicación están continuamente vendiendo "modelos de vida perfecta" que en su mayor parte son fantasiosos pero tienen un efecto en el colectivo al punto de hacerlos creer que si no encajas en uno de esos modelos pues simplemente no eres feliz. Entonces, nos quedan nuestros actos deliberados, lo que decidimos hacer con nuestra vida. Es enormemente reconfortante pensar que nuestra felicidad depende de nosotros mismos en gran medida, estimada en un 40 por ciento.

Por primera vez en la historia de la humanidad la felicidad está en boga, pero también por primera vez contamos con una ciencia de la felicidad, de manera de poder tratar el tema no solo filosóficamente sino también con parámetros científicos que nos indican como acercarnos a ella. Entonces me resulta inevitable un ensayo científico brevísimo acerca de la felicidad en las diferentes áreas de la vida.

Debido a la enorme subjetividad que impregna a esta idea, me he ceñido a los conceptos y parámetros de la PSICOLOGIA POSITIVA que ha sido mi área de estudio durante la última década. La PP contempla conceptos como: bienestar, perseverancia, resiliencia, tolerancia y conducta cívica.

Se esquematiza la FELICIDAD como una ocurrencia enmarcada en estas nociones básicas de acuerdo a los postulados de Maria Elena Garassinni, precursora de la psicología positiva en Venezuela:

I) Una experiencia subjetiva, universal y temporal de la que cada persona puede dar cuenta por si misma.

II) Un estado psíquico positivo y de funcionamiento óptimo derivado a menudo de las actividades que realizamos.

III) Un indicador de como la persona ha invertido su tiempo vital.

IV) Una respuesta ante los estímulos humanos y naturales del entorno.

V) Una experiencia gratificante que surge cuando hay equilibrio entre los desafíos y las habilidades de la persona.

VI) Un estado psíquico de bienestar, orden y armonía derivado del foco en una actividad autodeterminada.

VII) Un estado de bienestar donde la consciencia se cultiva a través del control, la concentración, el afecto y la motivación.

Esto nos permite enmarcar a la FELICIDAD dentro de ideas concretas y medibles para entonces poder desarrollar toda la periferia de factores que le interesan al lector como que hacer y que evitar para poder vivir con un elevado coeficiente de felicidad en su vida.

En base a estas nociones la FÍSICA CUANTICA nos habla de dos ideas contrapuestas: ENTROPIA Y NEGENTROPIA.

Sin ponerme demasiado científico, pienso que conviene definir estos dos términos:

ENTROPIA: Es el estado psíquico que predomina en la mente y que está caracterizado por pensamientos y sentimientos negativos. Ansiedad, miedo, angustia, ira, son algunas de las emociones vinculadas a la entropía.

NEGENTROPIA: Es el estado psíquico caracterizado por pensamientos y sentimientos positivos, sensación de control y congruencia entre el querer hacer y el deber hacer.

Entonces, que determina que vivamos en uno o en el otro?

La respuesta es quizás mas simple y fácil de lo que esperan: LA MOTIVACION INTRINSECA PERSONAL.

En otras palabras para ser feliz hay que querer serlo. Pero además hay que percibir desde lo mas rutinario y tedioso hasta los mas emocionante como una oportunidad para aprender y para experimentar la vida en toda su dimensión, entendiendo que en el río de la vida hay que fluir y este flujo a veces nos lleva hacia orillas de amor, amistad, belleza y placer pero a veces también nos puede llevar a la orilla de la decepción, frustración y el dolor. Podemos preferir una orilla pero no debemos apegarnos a ella pues del apego surgirá la no aceptación y convertiremos lo que podría ser un dolor pasajero en sufrimiento duradero.

Es vital entender que para la mayoría de la gente la felicidad no existe como un estado predominante en la vida, lo que existe en todo caso son los momentos felices. Entonces establezcamos la diferencia. Los momentos felices según la creencia popular están directamente vinculados a una ocurrencia externa: Obtener un título profesional, conseguir un trabajo, un compromiso o boda, un viaje, el nacimiento de un hijo, etc. Todos tenemos nuestra cuota de esos momentos que me gusta catalogar como de "intensa felicidad" y son realmente maravillosos. El problema surge cuando solo logro estár "conectado con la dicha de vivir a través de esos momentos únicos y raros, porque entonces el resto de la vida puede hacerse sombría, monótona y hasta dolorosa.

El segundo tipo de felicidad del que hablo consiste en un estado de bienestar sereno. No es un estado de ánimo, es un estado del SER que se logra a través de cultivar una serie de hábitos nutritivos para el cuerpo, la mente y el espíritu. Esta felicidad mas discreta, no requiere de fiestas, eventos ni logros. Cuando la conseguimos, nos damos cuenta de que posiblemente fuimos felices gran parte de nuestras vidas pero no lo sabíamos, pues estábamos en busca de la "piedra filosofal" de la "intensa felicidad".

A lo largo del libro les iré dando recomendaciones específicas para alcanzar esta FELICIDAD DISCRETA.

LAS TRES VIDAS:

La psicología positiva clasifica tres tipos de vida:

1. **La vida placentera**: experimentar los placeres, aprender habilidades etc. Tiene varios inconvenientes, entre otros la volatilidad. A mayor cantidad de experiencias de la misma especie menor satisfacción produce. La mente se habitúa rápidamente hasta que se convierte en escoria. Se esfuma. Es sentimiento puro. Y la conciencia sabe que aquello se va.

2. **La vida de compromiso**: Mike Csikszentmihalyi lo llama flujo. Y es completamente distinto del placer. El compromiso puede ser muy básico, por ejemplo al escuchar una música con la que buscamos una conexión fuerte. Te haces uno con la música y el tiempo se detiene. (Kairós los llamaban los griegos). O puede ser muy elevado, como el caso de los compromisos vitales y sociales desinteresados.

3. **La vida significativa**: Es la más auténtica plenitud. Se basa en la consecución de un propósito, en la pertenencia y en el servicio a una causa mayor que uno mismo. Solo merece la pena enfocarse hacia algo que requiera más de una vida para lograrlo porque la felicidad no llega cuando se alcanza el objetivo sino cuando uno se ha decidido a ponerse en marcha. Es poseer en el instante presente el sentido único de la propia existencia.

En mi opinión ese estado de infelicidad masivo y generalizado del mundo tiene que ver con una búsqueda mal enfocada. Definitivamente la felicidad no está en un lugar, ni en una persona ni mucho menos en una posesión. Comparo la búsqueda de la felicidad en el afuera con el vecino que buscaba en su jardín una llave extraviada y cuando le preguntaron donde la vio por última vez, dijo " dentro de la casa, pero aquí afuera hay mas luz..." La extrospecciòn ha traído mucho desasosiego a la humanidad. Es una búsqueda frenética de sensaciones, sabores, imágenes y placeres que nos mantienen prisioneros de esas breves chispas de intensidad que confundimos con felicidad. La búsqueda es hacia adentro. En la introspección está esa llave extraviada.

Sin embargo en un reciente estudio dirigido a los *milenials* se supo que para 50% de ellos su meta de vida era ser famosos y 80% de los encuestados afirmó que la riqueza era su meta mas elevada. Esto revela una realidad preocupante. Las nuevas generaciones están aún mas equivocadas en relación a la búsqueda de la felicidad que las generaciones previas que contaban con mucho menos información tanto científica, como espiritual.

Tal vez sea mejor empezar por aquello que sabemos que no es. Comentábamos que para muchas personas la felicidad radica en pasarlo bien con los amigos en una fiesta o con una buena comida o acompañada de uno o varios seres queridos.

Estas son magníficas experiencias que nos hacen sentir muy bien pero realmente no nos da una definición del concepto en sí, dado que definen lo que es el placer. Por lo tanto, si la felicidad no es lo mismo que el placer, entonces, qué es la felicidad?

Tal y como hemos podido comprobar en las ideas de Seligman la felicidad es ***cuando nuestra vida satisface plenamente nuestras necesidades***. Es decir, viene cuando nos sentimos satisfechos y realizados. Como decíamos antes, es un flujo <u>energético</u> de satisfacción, en el que nos parece que la vida es como debe ser. La felicidad perfecta, la iluminación, viene cuando todas nuestras necesidades están totalmente cubiertas.

Esto nos lleva a concluir lo que podría ser este concepto en palabras de Sonja Lyubomirsky, investigadora de psicología positiva, la cual concibe la felicidad como:

"la experiencia de la alegría, satisfacción o bienestar positivo, combinados con una sensación de que la vida de uno es buena, significativa, y que vale la pena"

Lorenzo Campins

FELICIDAD SOSTENIDA

CAPITULO 2
FELICIDAD Y CEREBRO

No estamos programados para ser felices, sino para buscar la felicidad

Un neurotransmisor, la dopamina, nos impulsa a perseguir constantemente el placer y la recompensa.

La **dopamina** nace en una de las áreas más primitivas del **cerebro** y, a través del sistema de recompensa, fluye hasta el lóbulo frontal, una estructura más evolucionada que nos permite dirigir nuestra conducta hacia un fin. Esta región del cerebro es **la más lenta en madurar y la primera en deteriorarse en la vejez** y actúa como una máquina del tiempo que nos hace posible recordar el pasado y vivir el futuro antes de que suceda. Nos ayuda a anticipar sucesos, y en esa anticipación reside parte de nuestra felicidad y nuestra desdicha. Lo cuenta el psicólogo Dan Gilbert, autor del libro *Tropezar con la felicidad*. De hecho mas adelante en este libro disertaremos acerca de su visión de la felicidad sintética.

En la opinión de Gilbert, el problema es que "el cerebro nos da en muchas ocasiones datos erróneos de lo que nos hará o no felices. Cometemos el error de pensar que lo bueno será muy bueno y lo malo, muy malo" **Es preferible ser escéptico, basarse en datos científicos, mirar las estadísticas y cuestionar los consejos para encontrar la felicidad.** Las estadísticas nos dan algunas claves sobre lo que hace felices a

23

la mayoría de las personas. Por ejemplo, entre las recetas más usadas están las que dicen que para ser feliz hay que tener un buen trabajo que dé para vivir decentemente, casarse y tener hijos.

Con las cifras en la mano, vemos que es cierto que **las personas casadas son más felices** que las solteras o que las parejas de hecho y que viven más años. El **matrimonio** es una buena inversión en todas las culturas, sobre todo para los hombres, resalta Gilbert. Pero divorciarse cuando las cosas no van bien también aumenta la felicidad, en especial la de los hombres, que se sienten mejor de inmediato. Las mujeres tardan de media un par de años en volver a ser felices. En cuanto a los hijos, los números reflejan que suponen una exigencia que disminuye la felicidad, en especial de las madres, mientras son pequeños. **El pico de infelicidad parental se sitúa entre los 45 y 55 años**, cuando la carga de obligaciones es máxima. Para Gilbert, "El síndrome del nido vacío es un mito. Cuando los hijos se van de casa, la felicidad de los padres aumenta".

En cuanto al **dinero**, aumenta la felicidad cuando los ingresos llegan a 60.000 dólares por año. Por encima de esta cantidad, el dinero ya no está tan relacionado con el nivel de felicidad. Aunque puede aumentar si lo utilizamos en ayudar a los demás. Sin embargo, dejar de trabajar no es necesariamente una buena idea. Según Gilbert, descansar es una de las cosas que menos felices nos hacen, al contrario que **practicar actividades placenteras –sobre todo el sexo, seguido del ejercicio físico**– que nos hacen sentir mejor. La felicidad no se alcanza haciendo cosas exóticas, sino con recetas sencillas, como pasar más tiempo con la familia y los amigos. Somos la especie más social del planeta, por eso quienes dedican más tiempo a las relaciones y tienen más amigos son más felices.

Parte de la infelicidad surge de nuestro interior. No hay nada en sí ni bueno ni malo, es la **mente humana** la que lo califica. Y es que nuestra especie tiene una estructura evolutivamente reciente, la corteza prefrontal, que funciona como "un simulador que nos permite imaginar y anticipar cómo serán nuestras experiencias antes de vivirlas. Planificar acciones y tomar decisiones en virtud de experiencias simuladas mentalmente es, a priori, una ventaja. Sin embargo, puede convertirse también en la principal causa de que la búsqueda de la felicidad sea errónea pues **esta parte del cerebro suele calcular bastante mal el grado de felicidad o de infelicidad que nos causarán las experiencias futuras**". Somos malos predictores de la felicidad, según Gilbert.

No podemos cambiar lo ocurrido, pero sí lo que pensamos sobre ello. En caso contrario la "disonancia cognitiva" nos hará sentir infelices. En cambio, **cambiar de perspectiva es muy positivo.** Esta habilidad de cambiar la forma de pensar es la piedra angular de la **psicoterapia.** Tener una mente abierta es fundamental. Las experiencias nuevas ejercitan el cerebro y nos hacen felices.

Aristóteles afirma que **la felicidad es una actividad de acuerdo a la virtud.** El hombre feliz vive bien y obra bien. El obrar sigue al ser para la consecución de su finalidad.

Aun cuando la manera de vivir la vida sea elegible, en tanto que somos seres naturales tenemos una finalidad. Dicha finalidad es la felicidad a través de la trascendencia.

Por su puesto, las conexiones neuronales, neurotransmisores y el funcionamiento del cerebro humano tienen una importancia fundamental a la hora de entender la felicidad.

En este sentido tiene una importancia fundamental la serotonina, neurotransmisor sintetizado en el sistema nervioso central con funciones de vital importancia para el bienestar y la estabilidad emocional.

El aumento de esta sustancia produce de forma casi automática sensación de bienestar, incremento de autoestima, relajación y concentración.

Los déficit de serotonina se asocian a la depresión, los pensamientos suicidas, el trastorno obsesivo compulsivo, al insomnio y a estados agresivos.

Además está el CORTISOL. Una hormona que resulta tremendamente útil en cuanto a nuestra capacidad para reaccionar o responder a situaciones amenazantes o inminentes, es decir es la hormona de la supervivencia. Pero también es la hormona mas vinculada al STRESS y por eso también produce: fatiga crónica, hostilidad, depresión, hambre desmedida, migraña, artritis, etc. Es por eso que debemos comprender que los altos niveles de stress están completamente reñidos con cualquier posibilidad de ser felices.

Una vez que ya sabemos lo que es la felicidad y los factores que la componen, nos queda dar respuesta a otra pregunta ¿Cuáles son las necesidades esenciales que tengo que cubrir para ser feliz?

Nuestras necesidades individuales varían en función de nuestra genética, la forma en que fuimos criados, y nuestras experiencias de vida. Esa combinación compleja es lo que hace que cada uno de nosotros seamos únicos, tanto en nuestras necesidades exactas, y en todos los demás aspectos que forma la persona que a día de hoy somos.

Conviene detenernos un poco en estos conceptos porque es aquí cuando podemos y debemos desmontar una de las mayores ilusiones de la civilización occidental, PLACER = FELICIDAD.

Nada está mas alejado de la realidad pero hemos crecido y creído en esta ilusión durante décadas y es solo recientemente que los hallazgos de la psicología social y la psicología positiva apuntan en otras direcciones.

Mathieu Riccard un científico francés convertido en monje budista lo decía poéticamente: El placer es como la ola que revienta en la orilla y se desvanece, la felicidad es como el mar en su profundidad, aunque haya tempestades en la superficie él mantiene su serenidad dentro de sí.

Incluso a nivel neuronal hay diferencias: El placer y la felicidad son procesados por diferentes neurotransmisores. La DOPAMINA es la responsable por el placer, el éxtasis, la euforia es una neurona exitatoria. La SEROTONINA en cambio es responsable por los estados de ánimo mas estables: autoestima, buen humor, tranquilidad, es una neurona inhibitoria.

Dicho esto, hay que aclarar que nada tiene de malo la búsqueda del placer, siempre y cuando podamos identificarlo como un proceso de estímulo-respuesta breve y efímero por definición. Por otro lado, la felicidad vista desde una óptica mística puede estar casi desprovista de placer y aún así proporcionar tranquilidad y sosiego a quien la cultive. Hay una línea divisoria importante entre estos dos conceptos ya que si alguien se dedica a la búsqueda del placer continuo, tarde o temprano sucumbirá al agotamiento, al vacío existencial o a ambos. Mientras que quien busque y cultive la felicidad, sea cual fuere el camino, puede encontrar una vida mas apacible y serena con la estabilidad que se se deriva de ella.

Cada uno de nosotros podemos llegar a ser muy complejos, pero todos somos humanos y esto proporciona la base sobre la que podemos descubrir nuestras necesidades humanas esenciales.

Basándonos en lo que entiende por felicidad el Dr. Seligman y las necesidades básicas que se proponen en la pirámide de Maslow. Hemos realizado una lista con las principales necesidades esenciales que puede tener el ser humano y que, si se cumplen con totalidad les llevará a ser felices:

- **Bienestar.** Entendido como las conexiones que se realizan entre el cuerpo y la mente y que afecta a nuestro estado de ánimo y viceversa. No podremos sentirnos bien si no satisfacemos nuestra primera y esencial necesidad básica, la fisiológica. Respirar, comer, beber, dormir, ser escuchados.

- **Medio ambiente.** Serían los factores externos, como la seguridad, la disponibilidad de alimentos, la libertad, el clima, la belleza, y el hábitat. El ser humano necesita sentirse seguro y protegido para poder ser feliz.

- **Placer.** Aquí si se trata de factorizar todo estímulo externo que proporciones esos placeres intensos pero pasajeros como: La comida, bebida, sexo, deportes, espectáculos, etc.

- **Relaciones interpersonales.** Como especie social, las relaciones sociales que tengamos son los cimientos de nuestra personalidad y tal y como dice Seligman (2011) deben de ser positivas.

- **Superación.** Conviene tener, sueños, anhelos, deseos y metas y la motivación necesaria para luchar por ellos y alcanzarlos. Es decir, tenemos que explorar, arriesgarnos, probar, atrevernos y experimentar tanto como nos sea posible.

- **Compromiso.** Estar atento y presente en las actividades que realizas, teniendo como norte siempre dar lo mejor de ti, mas allá de las circunstancias y factores externos que escapan a tu control. Para ser feliz hay que estar comprometido en lo que se hace de forma activa.

- **Éxito y logro.** Toda persona necesita sentirse competente y autónomo. Tener proyectos tangibles y cumplidos es vital. Para ello la confianza en uno mismo es crucial.

- **Estima.** Necesitamos amar y ser amados para tener una valoración positiva de nosotros mismos y de nuestro aporte a la sociedad. No tenerla afecta a nuestra autoestima y por ende a nuestra felicidad.

- **Flexibilidad.** También tenemos que tener la capacidad de adaptarnos a los cambios.

La felicidad es abstracta y no es almacenable. Pero, puede ser medida y estudiada de forma científica? Según algunos científicos si se puede y ese ha sido el foco de mi investigación para esta obra.

Un estudio de 2015 publicado en el Asian Journal of Psychiatry midió la felicidad de los estudiantes y el bienestar psicológico en una muestra de 403 alumnos de una escuela de educación secundaria.

Se evaluaron en los estudiantes el estado de salud general, la felicidad, la autoeficacia, la percepción de estrés, la esperanza y la satisfacción con la vida que tenían a través de cuestionarios de forma escrita.

Se concluyó que había una relación significativa entre la felicidad y el bienestar psicológico. Según este estudio, "Aquellos estudiantes con buena relación y aquellos que habían informado de disfrutar de asistir a eventos sociales indicaron un mejor estado de salud mental."

Mencionaremos los resultados de varios estudios científicos realizados desde varias perspectivas y enfoques a lo largo del libro y todos concluyen que definitivamente la felicidad no solo puede ser medida, sino también fomentada y resguardada.

CAPITULO 3
FELICIDAD Y FILOSOFIA

UNA VISIÓN LÚGUBRE: SHOPPENHAUER

El filósofo ofrece una fórmula para minimizar la infelicidad ya que en mi opinión su percepción de la vida y del mundo no es nada feliz. Aunque no resueno para nada con esta filosofía de vida se las dejo para que se den cuenta de que se puede ser brillante, culto, reconocido y rico y ser profundamente infeliz.

"Lo mejor que se puede encontrar en el mundo es un presente indoloro, tranquilo, soportable: si lo conseguimos, sabremos apreciarlo y nos cuidaremos bien de no echarlo a perder anhelando sin cesar alegrías imaginarias o angustiándonos por un futuro siempre incierto".

2 **"Limitar círculo personal.** así se dan menos oportunidades a la desdicha: la limitación hace feliz".

3 **Bajo perfil.** Hablar muy poco con los demás y mucho con uno mismo".

4 **No fantasear.** Se refiere a todas las cuestiones que conciernen a nuestro bienestar y malestar, a nuestras esperanzas y temores. Si uno se imagina posibles acontecimientos felices y sus consecuencias, lo único que consigue es hacerse la realidad aún más insoportable".

5 **La ira y el odio en acción.** Expresarlos verbalmente es peligroso, poco inteligente, ridículo y malvado. Por eso la ira o el odio no deben mostrarse de ninguna forma más que con

hechos".

6 Ver lo que tenemos con tal objetividad que sabríamos su valor si lo perdemos. Sea lo que sea, propiedades, salud, amigos, amores, mujer e hijo, con frecuencia sólo percibimos su valor después de haberlo perdido".

7 "Observar más a menudo a los que están peor que nosotros". En palabras de la sabiduría popular: mal de muchos consuelo de tontos...

8 Al menos nueve décimas partes de nuestra felicidad se basan en la salud exclusivamente. En mi opinión lo único verdaderamente sensato de Shoppenhauer.

9 Es necesario acostumbrarse a entender que lo que pasa conviene. Un fatalismo que tiene mucho de tranquilizador ya que en el fondo, es acertado.

10 Cuando ocurre algo malo, no permitirse pensar en que hubiera podido ser de otra forma".

Aunque no resueno para nada con esta filosofía de vida, se las quise presentar como referencia.

Otros filósofos...

Aristóteles, el padre de la filosofía griega decía que la felicidad es el ideal mas elevado al que ser humano alguno pudiera aspirar.

"Felicidad es la vida dedicada a ocupaciones para las cuales cada hombre tiene singular vocación". **José Ortega y Gasset** (1883 - 1955)

Ortega y Gasset mantenía que la felicidad que sentimos es directamente proporcional a la cantidad de tiempo que pasamos ocupados en actividades que absorben completamente nuestra atención y nos agradan.

En palabras del propio Ortega: "Si nos preguntamos en qué consiste ese estado ideal de espíritu denominado **felicidad**, hallamos fácilmente una primera respuesta: la felicidad consiste en encontrar algo que nos satisfaga completamente". Para este filósofo y ensayista madrileño la felicidad se produce cuando coinciden lo que él llama "nuestra vida proyectada", que es aquello que queremos ser, con **"nuestra vida efectiva"**, que es lo que somos en realidad.

¿Qué es la **felicidad**? una pregunta que todos nos hemos formulado alguna vez en la vida. Cómo decía **Séneca** en su 'De vita beata', "todos los hombres, quieren vivir felizmente. Aspiramos a ser felices y para ello intentamos descubrir qué es. Sin embargo, cada persona posee una respuesta, una definición de felicidad diferente, y es precisamente esa **disparidad de opiniones** ante una cuestión tan fundamental para el ser humano que da propósito a su búsqueda.

"No hay un camino a la felicidad: la felicidad es el camino." **Siddharta Gautama.**

Muchas veces nos enfrascamos en alcanzar una meta, en conseguir el trabajo, obtener el contrato, o el vehículo… y es precisamente todo lo que hacemos para conseguirlo lo que aporta la felicidad. Según el **budismo**, esta reside en las experiencias enriquecedoras que se viven para lograr un objetivo, ya que una vez se consigue lo anhelado, la satisfacción es breve.

Según La Real Academia Española de la lengua la felicidad es un estado de grata satisfacción espiritual y física.

"El secreto de la felicidad no se encuentra en la búsqueda de más, sino en el desarrollo de la capacidad para disfrutar de menos". **Sócrates**(470 a. C. - 399 a. C)

Para este filósofo griego la **felicidad** no viene de recompensas externas o reconocimientos, sino del éxito interno. Al reducir nuestras necesidades, podemos aprender a apreciar los placeres más simples.

"El hombre que hace que todo lo que lleve a la felicidad dependa de él mismo, ya no de los demás, ha adoptado el mejor plan para vivir feliz". **Platón** (427 a.C. - 347 a. C.)

La versión de Platón, el filósofo griego alumno de Sócrates, radica en el crecimiento personal y es fruto de la satisfacción conseguida a través de pequeños logros.

"La felicidad depende de nosotros mismos". **Aristóteles.**

Ser feliz significa autorrealizarse, alcanzar las metas propias de un ser humano. Aristóteles, discípulo de Platón, sostenía que todos los hombres perseguían la felicidad. Unos son felices ganando dinero; otros, recibiendo honores, y otros viajando. Cada cual posee el secreto de su propia felicidad. Pero para eso hay que conocerse bien a uno mismo, claro está, y saber qué se quiere.

"Las grandes bendiciones de la humanidad están dentro de nosotros y a nuestro alcance. El sabio se contenta con su suerte, sea cual sea, sin desear lo que no tiene" **Séneca** (4 a. C.- 65 d. C.)

El filósofo estoico creía firmemente en lo que los **psicólogos** llamaran ahora el **"locus de control"**. Un concepto ampliamente usado en psicología que afecta al punto de vista de un individuo y a la manera que este tiene de interactuar con el entorno.

Para algunas personas, el locus vive en el exterior; sienten como fuerzas externas guían sus acciones. Para otros, como Séneca, el locus reside **dentro**.

La felicidad como obligación

"Si estás deprimido, estás viviendo en el pasado. Si estás ansioso, estás viviendo en el futuro. Si estás en paz, estas viviendo el presente". **Lao Tzu** (601 a. C - 531 a. C.)

Lao Tzu es una personalidad china a quien se le considera uno de los filósofos más relevantes de su historia.

Lao Tzu sostenía que la razón de su felicidad era vivir el presente. Quienes siempre piensan en el mañana o recuerdan **con nostalgia el ayer** solo generan **ansiedad**, estrés, y dejan de disfrutar el momento y la verdadera existencia.

"La felicidad; más que un deseo, alegría o elección, es un deber".**Immanuel Kant** (1724-1804)

La felicidad es uno de tantos deberes del ser humano, un deber último y supremo que nos obliga a ser dignos de merecerla. La felicidad en el mundo **kantiano** no depende del destino ni de los demás, sino de uno mismo, de la persona, es decir, de su propio comportamiento y carácter.

Cuando comprobamos que hemos superado aquello que nos oprimía, según Nietzche, es cuando somos felices.

"Es el sentimiento de que el poder crece, de que una resistencia ha sido superada". **Friedrich Nietzsche** (1844-1900)

Según el filósofo nihilista la felicidad es una especie de control que uno tiene sobre su entorno. Según Nietzche la **voluntad de poder**, una fuerza que nos da la vida y que nos ata a ella y que al mismo tiempo la convierte en atractiva, ya que es la que nos hace enfrentarnos a todas las adversidades.

Cuando experimentamos que la fuerza aumenta en nosotros y nos sentimos con mucha vitalidad, cuando comprobamos que hemos superado aquello que nos oprimía, según Nietzsche, es cuando somos felices. Es entonces algo casi instintivo.

"He aprendido a buscar mi felicidad limitando mis deseos en vez de satisfacerlos". **John Stuart Mill** (1806 -1873)

John Stuart Mill, uno de los principales autores del utilitarismo, mantenía que **el deseo de ser feliz por encima de todos los demás deseos** (eudemonismo) se presenta en todo ser humano. Mill consideraba la felicidad como la búsqueda del **placer** y la huida del dolor, aunque no todos los placeres tienen el mismo valor, ya que los hay superiores e inferiores, y nuestras acciones deben dar preferencia a los primeros.

"De todas las formas de precaución, la cautela en el amor es tal vez la más mortal de la verdadera felicidad". **Bertrand Russell** (1872 - 1970)

El autor de 'La conquista de la felicidad', ganador del Premio Nobel de Literatura y conocido por su influencia en la filosofía analítica, concibe el amor como un instrumento para conseguir la felicidad. Para el filósofo británico el amor ayuda a **romper el ego** y a superar la barrera de la **vanidad** que impiden ser felices.

Felicidad en gotas según sabios antiguos y sabios modernos

Una forma interesante de entender mejor el concepto de felicidad es observar qué decían sobre ella los sabios Antiguos y algunos más modernos.

Como podrás ver, hay numerosas definiciones y opiniones de

lo que es este concepto. Algunos piensan que depende de uno mismo, otros que no hace falta mucho para ser feliz, otros que dependen del deseo, otros que con sabiduría se es feliz.

Algunas de las definiciones más interesantes son:

-*La sabiduría es la parte suprema de la felicidad.-Sófocles.*

-*Solo puede ser feliz siempre el que sabe ser feliz con todo.-Confucio.*

-*La felicidad consiste en ser libre, es decir, no desear nada.-Epicteto.*

-*La palabra felicidad perdería su significado si no fuese equilibrada por la tristeza.-Carl Jung.*

-*El pato es feliz en su sucio charco porque no conoce el mar.-Antoine de Saint-Exupéry.*

-*La verdadera felicidad es disfrutar el presente, sin dependencia ansiosa sobre el futuro.-Marco Aurelio.*

-*La mayoría de las personas son tan felices como ellas mismas deciden ser.-Abraham Lincoln.*

-*El dinero nunca ha hecho a un hombre feliz, ni lo hará, no hay nada en su naturaleza que produzca felicidad. Cuanto más se tiene más se quiere.-Benjamin Franklin.*

-*No podría faltar la perspectiva de Albert Einstein, el mas grande intelecto de todos los tiempos quien resumió su concepto de felicidad asi: Una vida sencilla y tranquila aporta mas alegría que la búsqueda del éxito en un desasosiego constante...*

Vision Budista.

De acuerdo al Dalai Lama máximo jerarca del budismo tibetano, la felicidad tiene 4 vertientes, riqueza, placer mundano, espiritualidad e iluminación. Sin embargo el Dalai Lama otorga especial significado al estado mental adecuado. Él afirma que la ùnica manera de salir de la ilusiòn de felicidad que nos ofrece la vida placentera y mundana es a traves de una re-educaciòn de la mente. Siendo un lider espiritual, su método ideal es la meditaciòn y la oración. Por cierto, merece especial mención la oraciòn budista tibetana ya que es diametralmente opuesta a la judeo-cristiana. En el budismo se ora para agradecer el milagro, la bendiciòn o el regalo solicitado, no para pedirlo. Ellos dan por sentado que lo que se pide será otorgado por nuestro poder de invocaciòn del dios propio. La re-educaciòn de la mente entonces' consistiría en abandonar la idea de andar deseando y anhelando todo cuanto se nos muestra allá afuera, cambiando el sufrimiento que produce no tener por el gozo que produce reconocer que somos dioses en embriòn y tenemos enormes bendiciones en nuestras vidas. Así, el Dalai Lama, de forma anecdótica hace el parangón de una persona rica que vive en un pent-house de un lujoso rascacielos y su estado de desasosiego es tal que pasa su día contemplando de cual de sus ventanas saltará... Puede sonar caricaturesco pero ilustra lo insignificante que puede resultar la riqueza material ante la presencia de la angustia y la insatisfacción personal motorizada por el paradigma material de la existencia.

Los budistas llaman OSCURIDAD FUNDAMENTAL a la idea –muy occidental- de pretender que algo externo cambie para poder experimentar la felicidad.

CAPITULO 4
FELICIDAD Y GENTILICIO

Puede la felicidad tener que ver con el sitio de nuestro nacimiento o el lugar que llamamos hogar?

Según la ONU los países mas felices a juzgar por el bienestar de sus habitantes son:

1.- SUIZA

2.- ISLANDIA

3.-DINAMARCA

Éstos son los datos que se han tenido en cuenta para realizar la lista de los paises más felices del mundo:

- **Producto interior bruto per cápita**: Está basado en la paridad del poder adquisitivo (PPA), es decir, la suma final de cantidades de bienes y servicios producidos en un país, al valor monetario de un país de referencia. En este caso ajustado a dólares (datos del Banco Mundial).

- **Apoyo social**: oportunidad de recibir ayuda de familiares o amigos en caso de tener problemas (datos de la encuesta Gallup).

- **La esperanza de vida**: según la Organización Mundial de la Salud (OMS).

- **La libertad de tomar decisiones** en la vida (datos de

la encuesta Gallup).

- **La generosidad**: cuánto dinero se dona a las ONG.

- **La percepción de la corrupción**: percepción de los ciudadanos respecto al gobierno y las empresas.

- **El afecto positivo**: hace referencia a cuánto se ríe la gente según la encuesta datos de la encuesta Gallup).

- **El afecto negativo**: hace referencia a la **percepción de tristeza y el enfado** (datos de la encuesta Gallup).

Mas abajo en el numero 12 y 14 respectivamente aparecen Costa Rica y Mexico, felicidades a esos hermanos latinos.

Todos esos indicadores usados por la ONU arrojan sin duda resultados muy tangibles de bienestar pero para mí la felicidad tiene un componente que va mas allá…

Por ejemplo para mí el clima tiene un gran peso específico y jamas viviría en ninguno de los países que encabezan la lista de la ONU, pero ese soy yo.

Hace unos años el libro Guinness publicó que Venezuela era uno de los países mas felices del mundo y explicaban que su gente lograba mantener una conexión con la alegría no gracias a, sino a pesar de las circunstancias de su entorno. Dudo mucho que lo que afirmaba Guinness entonces pueda considerarse como vigente a la fecha de la publicación de este libro. Se los comento porque soy venezolano y considero que nuestro país ha vivido enormes desafíos a lo largo de su historia, siendo quizás lo mas trágico la guerra federal en el siglo 19. Pero es que lo que sucede actualmente es relevante al tema de este libro pues demuestra que incluso pueblos enteros con proclividad cultural y histórica hacia la felicidad, pueden ser arrastrados hacia la desgracia por una dirigencia obsesionada por una idea equivocada.

JAPON: UN PAIS, DOS EXTREMOS.

Otro interesante caso sociológico es el de Japón, que aunque no aparace en la lista de los 6 países seleccionados por la ONU, nos cuenta su propia historia.

En las zonas densamente pobladas encontramos una gran dicotomía entre la calidad de vida aportada por un sistema altamente tecnológico y civilizado y unos elevados índices de infelicidad manifiestos en hombres y mujeres desde la pubertad hasta la madurez. Por otra parte, el Japón rural se estableció una relación directa entre felicidad y longevidad. En ciertas aldeas japonesas la expectativa de vida resulta ser de las mas largas del planeta. Y justamente en esas aldeas el código de vida por el se rigen se conoce como IKIGAI -razón de ser-. En este código de transmisión oral resaltan ciertos parámetros:

*No jubilarse. No se trata de trabajar hasta el último día, sino mas bien que el hecho de jubilarse del trabajo no signifique jubilarse de la vida. Continuar realizando actividades placenteras mientras el cuerpo aguante. Ejercicio, hobbies, tertulias, reuniones familiares y sociales, etc.

*Tener calma. No hablan ellos de pasividad pero si de un cierto ritmo para estar imbuidos en cada actividad sin prisa pero con ritmo. Es lo contrario de lo que se profesa en el Japón urbano.

*Ser agradecido. La valía de esta práctica ya la hemos explicado en este libro.

* Conectarse con la naturaleza. Pasar tiempo en interacción armónica con los ambientes naturales. Caminatas, días de

campo, meditaciones al aire libre, contemplación. Según el IKIGAI la madre tierra tiene la capacidad de nutrirnos energéticamente cuando estamos en su presencia en forma armónica.

El IKIGAI viene siendo la zona de nuestra vida donde logramos solapar nuestras necesidades, habilidades, profesión, vocación, misión y pasión.

BUTAN UN PAIS FELIZ

"La Felicidad Interior Bruta es mucho más importante que el Producto Interior Bruto". Jigme Singye Wangchuck, cuarto Rey de Bután, pronunció estas palabras el mismo día de su coronación. Este monarca ideó el término de la Felicidad Interior Bruta (FIB) hace más de 40 años.

Para Jigme Singye Wangchuck el modo de medir el progreso debe basarse en algo más que el flujo del dinero, ya que "el verdadero desarrollo de la sociedad humana se encuentra en la complementación y refuerzo mutuo del desarrollo material y el espiritual. Si nuestros indicadores solo miden cuánto producimos, nuestras acciones tenderán solo a producir más".

Medidor de la felicidad

La Felicidad Interior Bruta es un medidor de la calidad de vida mucho más amplio que el PIB. Se asienta sobre cuatro pilares, que son los que inspiran cada política del gobierno butanés: un desarrollo socioeconómico sostenible y equitativo, la preservación y promoción de la cultura, la conservación del medioambiente y el buen gobierno.

Cada dos años, el gobierno manda a sus ciudadanos una encuesta con 180 preguntas, basada en nueve dimensiones:

bienestar psicológico, uso del tiempo, vitalidad de la comunidad, cultura, salud, educación, diversidad medioambiental, nivel de vida y buen gobierno. Una vez recogida y procesada la información de las encuestas, se determina en qué medida cada hogar ha alcanzado la suficiencia en cada una de las nueve dimensiones, estableciendo unos valores de corte.

En esta pequeña nación, que en el 2007 fue la segunda economía que más rápido creció en el mundo, priman la educación y los valores morales por encima de los económicos. Consideran que la economía ha de estar al servicio de todas las personas y no se ha de basar en la acumulación de riqueza material de los más fuertes. De hecho, en 2006 se aprobó una Carta Magna que establece en su artículo 9.2 que «El Estado se esforzará en promover las condiciones que permitan la consecución de la Felicidad Interior Bruta».

La ONG británica New Economics Foundation creó en 2006 el Índice del Planeta Feliz (Happy Planet Index). Este índice, que mide la esperanza de vida, la huella ecológica y el bienestar en general, destaca que los países "más felices no son necesariamente los más ricos". En 2006, Bután resultó ser el octavo país más feliz de los 178 estudiados.

Sobre Bután

Bután es un pequeño país budista, enclavado en plena cordillera del Himalaya entre China y la India. No llega al millón de habitantes y fue hasta hace muy poco uno de los lugares más aislados del mundo. Este pequeño país se ha modernizado pero sin perder su propia identidad. Bután no tuvo teléfono ni moneda hasta 1960. En 1973 llegó la radio y en 1999 la televisión e internet.

Su principal actividad económica es la agricultura. El turismo también ocupa un lugar importante dentro de la economía, aunque se encuentra bastante restringido por razones medioambientales y culturales.

En 2008 Bután se convirtió en la democracia más joven. El 24 de marzo de ese año se celebraron las primeras elecciones parlamentarias. Y en noviembre Jigme Khesar NamgyeL Wangchuck, de 28 años, hijo de Jigme Singye Wangchuck, se convirtió en el quinto rey de Bután y el primer monarca constitucional del país.

Bután no pretende ser un ejemplo para otros Estados y así lo trasmitió su exministro del Interior y Educación Lyonpo Thinley Gyamtso: "Somos un país pequeño y queremos hacer las cosas así. No queremos enseñar nada al mundo. Hacemos lo que creemos que es mejor para nosotros. Y si el mundo cree que hay algo que aprender, son más que bienvenidos". Sin embargo y como nota curiosa desde que se introdujo la televisión y el internet ha los resultados de los censo bianuales han sido erráticos. Al parecer Bután también se ha contagiado de la mas reciente plaga del mundo occidental: Tecnologialitis.

CAPITULO 5
FELICIDAD VS SUFRIMIENTO

Las puertas de la felicidad y el sufrimiento son muy parecidas

El equilibrio es la clave entre la felicidad y el sufrimiento.

El gran escenario de la vida tiene una puerta principal. A la que la llamo la puerta de la alegría. Donde se ingresa a un mundo de celebraciones, donde se exalta la amistad y se abren opciones de interacción social y participación en actividades lúdicas. Un espacio ganado como premio al esfuerzo y el trabajo de la semana.

En todas las etapas, de adolescentes, recién adultos, nuevos profesionales y padres responsables por la que atravesamos todos los seres humanos, es cuando más cuidado debemos tener para que esos meritorios espacios sean de diversión y esparcimiento para compartir la alegría en diferentes círculos sociales, profesionales y familiares.

Porque existe una línea muy delgada entre el estímulo adecuado generado por el alcohol u otras sustancias y los excesos donde se pierde el equilibrio, se altera la conciencia y se genera una conducta inapropiada.

Entonces se atraviesa el umbral donde te sientes alegre y eufórico a verte y sentirte intoxicado y ridículo. Es después de ese umbral donde habita el caos.

Con frecuencia esas primeras experiencias en el mundo del caos son gratis; como las muestras de perfumes que de dan a probar para que elijas el aroma que más sedujo tu cerebro. Así te ofrecen el licor, o la droga de ocasión que con su canto de sirena te invita a trasgredir y en la transgresión hay una enorme tentación.

Pero no hablo solo de drogas, hablo del engaño, la trampa, el atajo, el dinero fácil, el poder, el licor, el juego, la pornografía, la prostitución, la delincuencia, el maltrato o el abuso. Son todas máscaras del mal que te quieren reclutar para sus filas. Para que abandones el camino de la luz, la bondad, y el amor.

Es una puerta sin cobro de ingreso para que conozcas un mundo deslumbrante, donde quedaras atrapado en un sufrimiento que pondrá de manifiesto tu sombra derrumbando tus sueños, arruinando tu proyecto de vida, destruyendo a tu familia, atrofiando tu inteligencia, dañando tu integridad y apagando tu luz. Hago alusión a un film del año 2000 dirigido por Darren Aronofsky llamado REQUIEM PARA UN SUEÑO que narra varias historias de personas correlacionadas que terminan sepultando sus sueños bajo la tenebrosa tierra del uso y abuso de las drogas. Si tienes un problema de este tipo o conoces a alguien que lo tiene, te recomiendo ver ese film.

Los excesos de todo tipo, generan sobrecargas de energía contaminada hacia ese centro de luz, que regula esa área que se vio invadida por las emociones, los impulsos, la intensidad de los pensamientos o el consumo extremo de licor o sustancias nocivas que te llevan al desequilibrio.

El exceso de trabajo, con todo lo que conlleva de atención, dedicación de tiempo, y la ansiedad que genera, descuadra el equilibrio energético de esa persona porque está restando, atención, concentración y tiempo a otras áreas de igual importancia como la salud, la espiritualidad y la familia.

Equilibrio en cambio, es una línea meridional que conecta mente, cuerpo y espíritu.

Se consigue cultivando prácticas de enriquecimiento propio: deportes o ejercicio físico, meditación, contacto con las bellas artes, música, poesía, espiritualidad.

El equilibrio es ese balance de luz distribuido en nuestros centros energéticos que te proporcionan estabilidad emocional, espiritual y física con la que consigues una frecuencia vibracional elevada que genera paz interior, serenidad, calma, y aumenta la lucidez, la inteligencia creativa y sobre todo esa sensación de plenitud que tanto se parece a la felicidad.

De esta manera tratas de mantener las diferentes dimensiones de tu vida en orden y procuras evitar alteraciones que afecten tu frecuencia vibratoria para que todo esté bien. El equilibrio es la clave entre la felicidad y el sufrimiento.

Como epílogo a esta perspectiva quiero aclarar que esta disertación no la hago desde el moralismo ni desde alguna posición religiosa o ideológica. Respeto los estilos de vida de las personas. Pero si estamos hablando de felicidad hay que comenzar por las premisa mas básica de todas: TODOS LOS EXCESOS SON DAÑINOS.

Ademas las emociones y hablo de TODAS las emociones existen para ser sentidas. En un mundo dual no podríamos sentir alegría sino conociéramos la tristeza o el dolor o el sufrimiento. Que quiero decir con eso? que ser feliz no consiste en NO SENTIR DOLOR. Solo hay dos tipos de seres humanos que no sienten dolor: los muertos y los psicópatas. Y no recomiendo militar en ninguna de esas dos clasificaciones. Así que las emociones negativas también son claves para nuestra felicidad porque nos dan contraste y nos recuerdan que estamos vivos y con suficiente inteligencia emocional para experimentarlas.

Curiosidades científicas sobre la felicidad

-La temperatura importa: la investigación ha demostrado una relación clara entre climas cálidos y un mejor estado del ánimo. Tanto demasiado calor como demasiado frío son perjudiciales para el bienestar.

-En parte se hereda: varias investigaciones han demostrado que los genes son responsables al menos en un 50% de lo feliz que sea una persona. Pero la buena noticia es que de acuerdo a la Epigenética podemos cambiar nuestras proclividades genéticas.

-Lo que hueles es importante: "los olores a flores te pueden hacer más feliz, ya que fomentan las interacciones sociales" según el Dr. Jeannette Haviland-Jones, un profesor de psicología de la Universidad de Rutgers.

-Ser bueno en algo ayuda a ser feliz: ya sea tocar un isntrumento o aprender ajedrez, ser bueno en una habilidad ayuda a ser feliz. Aunque al principio es duro y puede ser estresante, en el largo plazo da sus beneficios

Los ingredientes de la felicidad no forman parte de una poción *mágica* – aunque en este libro yo les doy la mía- sino que son fruto de la sensatez, el sentido común y la inteligencia emocional en acción. Los factores de la felicidad están al alcance de todos porque crecen en nuestro interior, si los cultivamos, desde luego.

En esta lista les presento 7 iniciativas comprobadas que nos acercan a la felicidad.1.-

1. Perdonarnos: el primero de los ingredientes de la felicidad. Nos culpamos por nuestros errores y fracasos. También por ser de un modo determinado, o no ser de otra forma específica. **Esa culpa, finalmente, no nos sirve para nada.** Solo cumple el papel de convertirnos en seres infelices e inseguros.

El primero de los ingredientes de la felicidad es precisamente el de renunciar a la <u>culpa</u>. Aprender a ser el mejor amigo de nosotros mismos. Eso es imposible si no nos perdonamos y aceptamos que el error y la equivocación son el camino del aprendizaje y el crecimiento.

2. Explorar, experimentar lo nuevo

Es normal que tengamos la tendencia a construir modos de vida repetitivos, que nos eviten estar enfrentándonos a lo nuevo todo el tiempo. Esto nos ayuda a sentirnos estables y nos evita un enorme gasto de energía emocional.

El problema es que **si eliminamos la novedad de nuestra vida, pronto nos sentiremos desmotivados.** Además, terminamos estancándonos. Siempre debemos dejar un lugar para explorar, para enfrentarnos a lo nuevo. Ese es, sin duda, uno de los ingredientes de la felicidad.

3. Realizar actividad física y creativa

La actividad física es mucho más que una herramienta para mantener la buena salud. **El impacto del <u>ejercicio</u> sobre la mente y sobre el estado de ánimo es un hecho.** La felicidad también es un asunto de neuroquímicos y es importante ser conscientes de ello. El ejercicio periódico previene en gran medida los estados de ánimo negativos.

Algo similar ocurre con las actividades creativas y recreativas. **El ser humano necesita darle un lugar a la expresión, a la imaginación, a la creatividad.** Si nos privamos de esas dimensiones, difícilmente vamos a sentirnos felices.

4. Simplificar la vida Otro de los principales ingredientes de la felicidad es aprender a simplificar la vida. Esto **significa comprender qué es verdaderamente importante y qué no.** Saber dedicarle tiempo a lo que vale la pena y evitar gastarlo en situaciones fútiles.

Simplificar la vida es también aprender a encontrar soluciones eficaces. No llenarnos de problemas innecesarios. **Despejar el camino de los pequeños obstáculos, para tener la vitalidad suficiente que nos exigen los grandes desafíos.**

5. Aprender a moderar los impulsos

Aquí hablamos de inteligencia emocional, obviamente. Si no domino mis impulsos, ellos me dominan

De seguro, **somos más felices cuando nos volvemos más capaces de actuar con base en la razón y no en el impulso.**

6. Establecer y mantener amistades constructivas

La <u>amistad</u> es uno de los vínculos más bellos de la vida. Y lo es porque tiene mucho de gratuito y espontáneo. Las amistades genuinas nacen de la afinidad. Se entregan y se reciben por decisión propia. No hay compromisos y si se mantienen en el tiempo es por voluntad libre y personal.

Se ha repetido miles de veces que la amistad es un tesoro. Y se repite porque así es. **Los amigos contribuyen a que nos reafirmemos, nos conozcamos, nos valoremos.** Nos enseñan a escuchar y a ser solidarios. Son nuestra gran compañía en infinidad de momentos. Sin duda alguna, conforman uno de los ingredientes de la felicidad.

7. Aceptación y gratitud.-

Ser buenos con nosotros mismos es aceptarnos, tolerar nues-

tras fallas, perdonarnos como ya dijimos. **También implica cuidarnos, protegernos, no dejar de reconocernos los
logros y animarnos en los malos momentos.** Recordarnos
constantemente que es nuestro derecho ser felices.

La gratitud es una maravillosa virtud porque termina gene-
rándo grandes beneficios a quien la experimenta. **Solo puede
ser agradecido quien valora lo bueno que hay en su vida.
Y quien sabe valorar esto, es feliz.** Al agradecerlo, esa felicidad aumenta.

**Los ingredientes de la felicidad se construyen. No caen del
cielo, ni se encuentran por casualidad** en alguna esquina
de la vida. Esto es una maravillosa verdad. Nos permite pensar que somos nosotros mismos, y nadie más, los dueños de
nuestra dicha.

FELICIDAD SOSTENIDA

CAPITULO 6
FELICIDAD EN LA ERA TECNOLOGICA

Mo Gawdat – CEO de Google X- tuvo esa misma inquietud. Su empeño por descubrir que nos hace felices y **tras perder a su hijo de 21 años** por una negligencia médica lo llevó a encontrar el algoritmo de la felicidad.

Mo Gawdat cuenta que una tarde, hace casi 20 años, se compró por internet dos Rolls-Royce simplemente porque podía hacerlo. En el fondo lo que intentaba era llenar un vacío interior, de su alma. Cuando llegaron esos costosísimos juguetitos su ánimo no cambió para nada.

Luego su historia fue muy distinta. Después de un trabajo personal profundo y de escapar de lo que los psicólogos llaman rutina hedónica, empezó a invertir su tiempo en un **proyecto trascendente** y mucho más satisfactorio que cualquier otro: **identificar qué es lo que le hace sentir bien al ser humano y traducirlo en una fórmula matemática**: la felicidad es la diferencia entre la percepción de los acontecimientos de nuestras vidas y las expectativas que tenemos sobre ella, donde la aceptación de "lo que es" juega un papel fundamental.

Y para sorpresa, ni el dinero, ni la salud, ni el éxito o la seguridad son factores que se contemplan en esta ecuación.

Mo Gawdat **ha dejado su trabajo** para dedicarse a tiempo completo a la misión con la que quiere **honrar la memoria de su hijo** y **contagiar de felicidad a 1.000 millones de personas** (**#1billionhappy**).

Resumo brevemente algunas claves sobre el algoritmo de la felicidad que me parecieron importantes:

1. El **deseo de aprobación** constante es un gran obstáculo para alcanzar la felicidad y en las redes sociales es de lo que nos alimentamos. Por lo mismo, es importante encontrar equilibrio entre sobreexposición, privacidad y bienestar personal.

2. Es importante **vivir con un ego sano, en equilibrio y nunca desvirtuado**. Necesitamos comprendernos, amarnos y aceptarnos a nosotros mismos para poder tratar con el resto del mundo.

3. La felicidad, vivir en plenitud consiste en **aceptar las circunstancias como son** y no pelearlas o rechazarlas. Intentar que las cosas sucedan exactamente como quiero es pelearse con la vida.

4. Cuando nos suceden cosas desagradables tenemos 2 opciones: elegir sufrir eternamente sin experimentar cambio alguno; o bien, **aceptar, abrazar el dolor y aprender la lección** que hay detrás de esa amarga experiencia.

5. Hay que **buscar la felicidad en los lugares correctos** y pensar en ella no como un destino que hemos de alcanzar, sino como una elección o estilo de vida. La felicidad está dentro de cada uno de nosotros, ese debe ser su punto de partida, nuestro interior.

6. Nuestro valor predeterminado es la felicidad. ¡**Nacimos para eso,**es nuestro derecho! Habrá creencias que a lo largo de la vida ya no nos sean útiles para ser felices, por lo tanto, muchas veces tendremos que apretar el botón de **"reinicio"** y reaprender cuantas

veces sea necesario.

7. La felicidad es la ausencia de infelicidad. Es nuestro estado de **reposo,** cuando nada enturbia la imagen o provoca interferencias. Así es, lo único que se necesita para ser feliz es no tener ninguna razón para ser infeliz. ¡Sencillito, verdad!

8. El éxito no es un prerrequisito esencial para la felicidad. Aunque el **éxito no lleva a felicidad**, la felicidad contribuye al éxito.

9. Entender que **el dolor llega sin avisar,** pero el sufrimiento puede ser opcional. Es decir, yo elijo cómo y cuánto sufrir por ese dolor. Yo elijo qué tanto deseo que ese dolor se transforme en un sufrimiento eterno, o bien, tomarlo como catapulta para hacer algo bueno de él.

10. Es el pensamiento, no el acontecimiento real, lo que te hace infeliz. Por lo tanto, **cambia tu forma de pensar** y cambiarás tu forma de vivir y de ser feliz.

Recuerda que la felicidad empieza con una elección consciente: ¡yo elijo ser feliz!

FELICIDAD SOSTENIDA

CAPITULO 7
FELICIDAD Y CIENCIA

La fórmula de la felicidad

¿Puede existir una ecuación que permita calcular con exactitud matemática el índice de felicidad alcanzable por una persona en un momento dado? ¿Puede establecerse una predicción de futuro (científicamente mensurable mediante el uso de dicha ecuación) de la felicidad que una persona podrá tener en un determinado momento?

Quien esté leyendo estas líneas lo más probable es que se muestre muy sorprendido por el planteamiento mismo de ambas preguntas: ¿Cómo es posible que a alguien se le pueda ocurrir dos preguntas aparentemente tan absurdas –o al menos extrañas- como estas? Podrá cuestionarse el lector. Pero... estos dos, y muchos otros, son los interrogantes que nos plantea el nuevo, y sugerente, libro de Eduardo Punset, titulado: El viaje a la felicidad. Las nuevas claves científicas, de indudable éxito comercial.

En el último capítulo, titulado: La fórmula de la felicidad, Punset nos da su ecuación para poder calcular el grado de felicidad de un ser humano en un momento dado. Aunque podríamos precisar más y decir: "de un sistema biológico", puesto que el autor sostiene que los animales también pueden ser felices, incluidos los unicelulares, como las amebas, por ejemplo.

La fórmula en cuestión es:

$$F = [E (M+B+P)/(R+C)]$$

Donde **F** es la felicidad; **E** las emociones implicadas en nuestras acciones; **M** los recursos y el costo energético del mantenimiento de nuestro organismo; **B** es la búsqueda de nuevos horizontes (intelectuales, emocionales, profesionales, etc.) P es el parámetro que define las relaciones interpersonales. R sería el símbolo que representaría a los factores externos reductivos de la felicidad, como por ejemplo: no desaprender los conocimientos y las experiencias innecesarias, nefastas o dañinas, el adoctrinamiento grupal (en el que Punset incluye a las religiones), los procesos de aprendizaje automatizados que dejan sin iniciativa al sujeto, y un predominio injustificado del miedo emocional por encima de las exigencias del estado de alerta necesario para la supervivencia. Finalmente, C sería el representante de los factores internos que llevan a la disminución de la felicidad, tales como: las mutaciones genéticas que producen enfermedades congénitas, el desgaste celular y el envejecimiento que conducen a la muerte, el estrés imaginado y, curiosamente, el ejercicio abyecto del poder. En definitiva, nos recuerda al intento de Baruch Spinoza de demostrar los fundamentos de la ética al estilo de los geómetras (con axiomas, corolarios, etc...).

Según el autor, esta ecuación es tan importante que: "dentro de unos años, el sistema educativo enseñará a los niños que el primer paso en la búsqueda del bienestar radica en aligerar el denominador integrado por los factores reductivos y la carga heredada.

Robert Waldinger otro profesor de Harvard – y monje Zen- ha publicado los resultados de un asombroso estudio sobre la felicidad conducido a lo largo de 75 años en mas de 400 sujetos y sus esposas. De hecho Waldinger es el cuarto director del estudio cuyos tres directores precedentes ya fallecieron. Es importante decir que la mayoría de estos estudios duran una década o a lo sumo dos. Luego es difícil mantener la continuidad del proceso debido a factores de cambio en el grupo de investigadores o de los 400 sujetos de estudio, falta de recursos, etc. Además ese estudio en particular fue financiado por el gobierno federal de los Estados Unidos de Norteamérica de manera de asegurar su conclusión. Los sujetos fueron evaluados cada años con cuestionarios, cada 5 años se monitoreaba su salud con varios indicadores clínicos, incluso se les entrevistaba con cierta frecuencia. Los sujetos del estudio fueron de clases baja, media y alta de la sociedad americana.

Según Waldinger el primer indicador y el mas contundente fueron las relaciones humanas. Las personas y parejas con relaciones interpersonales estables y nutritivas exhibieron mayor dinamismo, mejor salud general y menor decadencia fisiológica en el tiempo. Por contraste, el estudio determinó que los sujetos con peor salud y vidas mas cortas fueron aquellos que vivían solos. Conclusión: la soledad resta felicidad, salud mental y física y 2 años de vida. Pero cuidado de nada sirve pretender tener pareja, amistades y afiliaciones comunitarias si estas no son armoniosas. Las relaciones tóxicas son tan dañinas como la soledad.

Entonces teniendo esta información científica confiable porque la gente continúa ignorando su importancia. En mi opinión: por dos razones. La primera, los medios de comunicación continúan empujando hacia estándares imposibles de apariencia física, talentos extraordinarios, éxito inusitado, fama y fortuna. La segunda, las relaciones no son fáciles. La naturaleza humana es compleja y voluble, forjar buenas relaciones toma tiempo y esfuerzo y por desgracia en estos tiempos eso no parece ser muy atractivo.

FELICIDAD SOSTENIDA

CAPITULO 8
FELICIDAD Y TRABAJO

El día 20 de marzo del 2012 se estableció por la OMS como el día mundial de la felicidad. Durante décadas, los investigadores han tratado de estudiar y comprender los factores que influyen en ella. Sin embargo, no se han logrado dar definiciones objetivas y claras hasta el día de hoy.

Algunos investigadores creen que la felicidad se debe a factores genéticos y hereditarios, otros creen que la felicidad causada por factores ambientales como: estatus económico, educación, vida sexual, etc. Pero la neurociencia actual sugiere lo que los filósofos han sabido durante mucho tiempo: no es tan simple. Según el neurocientífico Dean Burnett, la noción de que las personas son felices por defecto, o que podemos mantener un estado constante de felicidad a largo plazo, es simplemente irreal.

"Esta idea de felicidad duradera y por defecto, es engañosa, y a menudo inútil porque no es así como funciona el cerebro", dijo Burnett, un neurocientífico. Él escribió un libro sobre el tema: *El cerebro feliz: la ciencia de dónde viene la felicidad y por qué.* (The Happy Brain: The Science of Where Happiness Comes From and Why)

El autor Dean Burnett desmitifica la neurociencia de lo que nos hace felices en su libro, The Happy Brain. Él dice que los cerebros son complicados y que hay mucha desinformación sobre la felicidad.

"El cerebro nos hace felices cuando hemos hecho algo bueno o algo correcto. Por lo tanto, si siempre estamos contentos, nada realmente cambia las cosas".Burnett afirma que las personas deberían enfocarse en la felicidad como un objetivo que hay que trabajarlo en nuestra vida cotidiana.

Él argumenta que las ideas contemporáneas sobre la felicidad a menudo son los procesos neurológicos clave. Más concretamente: la dopamina.

"Veo tantos artículos y afirmaciones y teorías que dicen que para ser feliz debe aumentar sus niveles de dopamina", dijo.

"Esa es una forma muy simplificada de mirar la felicidad. Es como decir que para restaurar una pintura del Renacimiento, simplemente agregue más verde".

La vía de recompensa de la dopamina es una parte antigua del cerebro que muchas otras criaturas comparten. Controla todo lo que sucede a su alrededor, y cuando ocurre algo que se considera digno de recompensa, produce una sensación de placer.

"Pero es la forma en que se activa el sistema, lo que el cerebro considera digno de placer o no, donde se vuelve realmente complejo".

CAPITULO 9
FELICIDAD Y GENERACIONES FUTURAS

Por primera vez en la historia de la humanidad el ser humano no tiene la creencia de que sus hijos vivirán mejor que él. Nos enfrentamos a muchos dilemas entre los cuales la degradación del planeta nos enfrenta con asuntos morales y éticos en relación a la vida que vivirán las nuevas generaciones. Pero comencemos por lo básico: la educación.

Una Pregunta constante entre los que nos dedicamos a divulgar, ya seamos padres o educadores, está relacionada con el objetivo de la educación. Los teóricos y expertos del ámbito de la pedagogía, están en forma unánime en la afirmación de que **una educación que prepare al niño o al joven para vivir en sociedad, debe de potenciar las habilidades y capacidades**, más allá del concepto tradicional de educar basado en la adquisición de conocimientos.

Está demostrado que las habilidades y las actitudes son la base para consolidar una personalidad fuerte, flexible, con capacidad de <u>resiliencia,</u> así como de adaptación a los cambios. El aprendizaje es un proceso de adecuación al medio, a un entorno que cada vez es más competitivo y en el que **una correcta <u>educación de las emociones</u> es esencial**.

La felicidad forma parte de la denominada educación emocional, más allá de ser un sentimiento, un concepto abstracto y posiblemente difícil de definir... es un parámetro de nuestra salud emocional, del correcto equilibrio entre las emociones positivas y negativas, entre aquellos aspectos de nuestra vida que podemos controlar directamente y aquellos que no.

Según el Hermano David Steindl-Rast, monje y erudito interreligioso, **la única cosa que todos los seres humanos tenemos en común es que cada uno de nosotros quiere ser feliz**. Y la felicidad, sugiere, nace de la gratitud. Ser agradecido, valorar aquello que podemos aportar a los demás y que los demás nos pueden aportar a nosotros, nos debería proporcionar la gratitud necesaria para sentirnos felices.

Avanzando un poco más en el concepto de felicidad, sería oportuno plantearnos **cómo deberíamos conceptualizar la felicidad en el caso de niños o adultos que padecen algún tipo de enfermedad**. ¿Se puede estar enfermo y ser feliz? Según nos explica el Dr. Alex Jadad, director del Centre for Global Health Innovation de la Universidad de Toronto, sí. Tradicionalmente el concepto de felicidad ha ido vinculado a la ausencia de enfermedad, sin tener en cuenta nuestra capacidad de adaptarnos al medio y a las circunstancias que nos rodean. Bajo esta premisa, el Dr. Jadad considera que la educación de la felicidad o la pedagogía de la felicidad es un reto alcanzable, que debería guiar cualquier iniciativa durante nuestra vida. Por tanto, es recomendable educar para la felicidad en la infancia y en la adolescencia, etapas clave en el desarrollo de la personalidad.

La preocupación por la pedagogía para la felicidad se está convirtiendo en la actualidad, no solo una preocupación de padres y educadores, sino incluso de los directivos empresariales que valoran la importancia de la felicidad de los empleados en su rendimiento profesional. Por tanto, **estamos ante una preocupación global y un momento social disruptivo** que nos debería hacer ver que es esencial educar para el equilibrio de las emociones, como aspecto imprescindible en el día a día de niños y de adultos.

Diversos han sido los teóricos preocupados por estudiar el concepto de felicidad. El doctor Israelita Tal ben-Shahar, profesor de la Universidad de Harvard, habla de la **"Ciencia de la felicidad", como una disciplina que debe guiar la labor educativa.**

Les presento a continuación una breve lista de consejos, con el ánimo de que puedan ser útiles a todos los padres y educadores que preocupados por una educación de las emociones deseen trabajar con los niños la capacidad de resiliencia, en concepto de gratitud y en general las estrategias personales que ayudan a la construcción del autoconcepto en base a la felicidad.

1. Aprender de los errores o de los fracasos, perdonarlos y si es adecuarlo incluso celebrarlos. No podemos eximirnos de sentir emociones negativas, forman parte de la vida y son tan naturales e incluso espontáneas como podría ser la felicidad. Saber aceptar y afrontar las emociones negativas vinculadas a los errores, supone una excepcional actividad de aprendizaje, ya que nos aportará el valor de conocer qué es aquello que deberemos mejorar o corregir para evitar repetir dichas situaciones en un futuro.

Aprender del error va vinculado a la práctica del perdón. Todos y cada uno de nosotros y más los niños que aún carecen de la experiencia vital que nos otorgan las experiencias vividas, cometemos errores. Reconocerlos, pedir perdón y aprender de los mismos debería ser un proceso consecutivo en aras a conseguir una personalidad fuerte y a trabajar versus el reconocimiento social de dichas capacidades tan apreciadas y a veces tan difíciles de llevar a la práctica sin la correcta instrucción.

Los espacios de diálogo son un recursos imprescindible para trabajar esta habilidad. Se convierten en momentos de *coaching* colectivo, en los que se pueden valorar los aspectos que han inducido al error, la posible solución, la vía para gestionar el perdón y sobre todo para conseguir el aprendizaje basado en la experiencia de aquellas acciones que no deberíamos repetir en un futuro. Es recomendable experimentar estos espacios incluso de forma anticipatoria a que se puedan producir problemas, errores o fracasos. Argumentos de libros o películas, pueden ser una excelente oportunidad para aprender lecciones de socialización ante situaciones que los niños y adolescentes aún no han experimentado.

2. Valorar las cosas buenas, el éxito o las circuntancias… aunque no parezcan trascendentes. Trabajar dichas circunstancias nos hará ver en el día a día de la fortuna que tenemos, de los progresos alcanzados y compartirlos con todos los seres que queremos. Agradecer y reconocer los pequeños éxitos refuerza la autoestima de la persona, y además permite dar importancia a los elementos cotidianos haciendo evidente que los grandes éxitos o retos alcanzados no son habituales que desearíamos. Retomamos aquí el concepto del hermano David Steindl-Rast, que a su vez también ha sido reflejado en nuestro refranero popular con frases tan habituales en nuestro lenguaje cargadas de sabiduría popular como "*es de bien nacido, ser agradecido*", o "*el que no agradece, no merece*".

3. Hacer deporte. Está demostrado y estudiado que la práctica del deporte permite la liberación de endorfinas, que producen sensación placentera… por tanto de felicidad, de liberación, de conexión con el entorno. Si además esa práctica del deporte es en grupo o en familia, seguro que aún repercutirá mucho más en la percepción positiva por parte del niño o del adolescente.

El deporte a su vez es una válvula de escape, que nos permite liberarnos del estrés emocional que nos pueden suponer determinadas situaciones personales, y ayudarnos a valorarlas con posterioridad de forma más objetiva.

4. Aprender a priorizar. Este principio vital lo deberíamos aprender a aplicar en diferentes ámbitos: en la vida personal, escolar, de ocio y también en el caso de los adultos en el ámbito laboral. Muchas veces nos agobiamos ante situaciones que no son importantes y dejamos de valorar las cosas que lo son. Enseñar a "poner en la balanza" lo importante, en el caso de los niños es tarea de las familias y de los educadores. Si no trabajamos esta habilidad, estaremos enseñando a los niños a no tener espíritu crítico y a exponerse de forma continua ante situaciones que pueden generar importante frustración o estrés.

5. Llevar a cabo alguna técnica de relajación. Todos sabemos que los problemas se ven y se valoran de forma diferente en el momento en que podemos tomar distancia hacia ellos. Las técnicas de relajación y meditación, al igual que también ejemplificábamos con la práctica de algún deporte, además de ser un excelente recurso para incorporar un tiempo personal para nuestro cuidado emocional, también nos ayudarán a poder ver con perspectiva los problemas… y por tanto, a valorarlos como nuevos retos, no como problemas que puedan mermar nuestro "termómetro de la felicidad personal".

6. Llevar a cabo alguna actividad de voluntariado. Poder ayudar a otras personas, en la medida en que nos sea posible, tanto en relación con el tiempo de dedicación como con nuestra responsabilidad, es beneficioso para la salud emocional. Es de cultura popular, la realidad de que el que ayuda a otros se ayuda a sí mismo. Que los niños u adolescentes conozcan realidades diferentes a la suya, les ayudará a valorar todo lo positivo que tienen, a aplicar el principio de la generosidad por ayudar a los demás, y por si fuera poco a poder ser un poco más felices.

7. Aprender. Adquirir conocimientos nos permite mejorar no solo nuestra base de cultura general, sino también habilidades y actitudes ante la vida. No dejes nunca de enseñar a tus hijos o alumnos, enriquecerás sus capacidades intelectuales y le ayudarás a poder ser más feliz mediante el conocimiento.

Padres y educadores, no olviden que el que ayuda a otros a ser más felices, también se ayuda a sí mismo.

CAPITULO 10
FELICIDAD EN LA PRACTICA

-Expresar gratitud. En palabras del profesor Robert Emmons, la gratitud es "un sentimiento de asombro, agradecimiento y apreciación por la vida". Pensar con gratitud nos ayuda a saborear las experiencias positivas de la vida, a reforzar la autoestima y el amor propio, y a afrontar el estrés y el trauma. Para practicar la gratitud hay muchos métodos, me gusta el libro LA MAGIA de Rhonda Byrne por ejemplo. Pero hay numerosas alternativas, un diario de gratitud es una opción o expresar la gratitud directamente en persona. Cultivar el optimismo. Todas las estrategias para el optimismo incluyen el ejercicio de interpretar el mundo desde una perspectiva más positiva y generosa. Entre las actividades presentadas destacamos la denominada "el diario del mejor yo posible", que consiste en visualizar y escribir sobre un futuro en el que todo haya salido como tú querías. Este ejercicio, basado en los estudios de la profesora Laura King, no se refiere sólo a imaginar un modelo futuro para ellos, sino también a construir el mejor yo posible hoy para que ese futuro se vuelva realidad.

Evitar pensar demasiado. Pensar demasiado es darle muchas vueltas a las cosas de forma innecesaria, pasiva y excesiva, al sentido, las causas y las consecuencias de tu carácter, tus sentimientos y tus problemas. Partiendo de los estudios de la profesora Susan Nolen-Hoeksema, que viene demostrando desde hace décadas cómo este estilo de pensamiento mantiene y exacerba los síntomas depresivos, se enseñan estrategias para distraerse de pensamientos negativos, actuar para resolver problemas y sustituir una tendencia a la comparación social. -Practicar la amabilidad. Los estudios de Lyubomirsky a quien ya citamos en capítulos anteriores, señalan que ser generosos y atentos con los demás, un solo día a la semana, hizo felices a las personas, es decir, experimentaron un incremento de su felicidad. -Cuidar las relaciones sociales. Dedicar tiempo, comunicarse, manifestar apoyo y lealtad, y abrazarse, son algunas de las actividades que han demostrado eficacia para incrementar los niveles de felicidad. -Desarrollar estrategias para afrontar. Afrontar es lo que hacemos para aliviar el dolor o el estrés provocados por un acontecimiento negativo. Entre las actividades propuestas está encontrar sentido al sufrimiento mediante la escritura expresiva, ver el lado positivo del trauma mediante la escritura o la conversación, o afrontar el problema a través de cuestionar los pensamientos pesimistas. -Aprender a perdonar. Los estudios indican que las personas a las que se les animaba a perdonar manifestaban una disminución de sus emociones negativas y un aumento de su autoestima y su esperanza. Hay varios ejercicios para aprender a perdonar, como apreciar ser perdonado, imaginar el perdón, escribir una carta de perdón, ser más empáticos o atribuir cierta bondad o generosidad al transgresor

Fluir más. El profesor Mihalyi Csikszentmihalyi define el flujo como un estado de ensimismamiento y de concentración intensos en el momento presente, de manera que la actividad que realizas es un desafío y es apasionante. La clave para crear el flujo es establecer un equilibrio entre las habilidades de uno mismo y los desafíos que elige afrontar. En este libro se proponen numerosas estrategias para aumentar las experiencias de flujo. Saborear las alegrías de la vida. Los investigadores definen el disfrute como los pensamientos o comportamientos que son capaces de generar, intensificar y prolongar el placer. Actividades como saborear las experiencias comunes, disfrutar y rememorar con familiares y amigos, festejar las buenas noticias o permanecer abierto a la belleza y la excelencia, permiten incrementar nuestra felicidad. -Comprometerte con tus objetivos. Elegir bien los propios objetivos es sumamente importante: que tengan que ver con nuestros propios intereses, que sean propios, que sean flexibles, que puedan ser descompuestos en pasos sucesivamente alcanzables, o que estén en armonía con otros objetivos personales, son algunas de las características que han de tener nuestros objetivos para que nos comprometamos y nos esforcemos con pasión.

-Practicar la religión y la espiritualidad. Buscar sentido a la vida, orar o saber encontrar lo sagrado en la vida corriente son algunas de las actividades mediante las cuales el cultivo de la religión o la espiritualidad puede hacernos más felices.

-Ocuparte de tu cuerpo. En esta actividad final, Lyubomirsky nos subraya la importancia de la meditación, de la actividad física, y de actuar como una persona feliz (es decir, la expresión misma de emociones positivas, como reír o sonreír, nos hace sentirnos mejor), para incrementar nuestra felicidad. Tras esta breve descripción de las actividades planteadas

La felicidad cotidiana es la que te invito a cultivar. No se trata de un estado alterado de conciencia. Por el contrario se trata de estar totalmente presentes y conscientes en todo lo que hacemos. Esta felicidad cotidiana no es un fuego abrasador que te lleva al éxtasis, sino una pequeña llama que arde serena y continuamente. No es euforia, es bienestar y paz. No son fuegos artificiales, es la confiable luz de un faro que ilumina el sendero de tu vida, un paso a la vez.

FELICIDAD SOSTENIDA

CAPITULO 11
FELICIDAD Y NUTRICION

Chocolate

Uno de los alimentos que aumentan las endorfinas es el chocolate. El cacao aporta un efecto estimulante en nuestro organismo y ayuda a activar el sistema nervioso mejorando el estado anímico. Están compuestos de una sustancia que se llama "fitocannabonoides", un componente que aporta un efecto placentero. Además, el azúcar y el cacao hacen que el cuerpo esté más dispuesto a absorber el triptófano, un elemento que ayuda a aumentar la serotonina en el cerebro. Otro componente que contribuye a aumentar la sensación de bienestar es la fenifetilamina que aumenta el nivel de azúcar en la sangre proporcionando un efecto excitante.

Alimentos picantes

Otra forma de aumentar las endorfinas es consumiendo alimentos picantes, sobre todo, aquellos que contengan capsaicina ya que esta sustancia ayuda a combatir la frustración y la depresión. Pero, en general, cualquier alimento que sea picante puede conseguir que se aumente la sensación de bienestar ya que el cerebro percibe el picante como si de dolor se tratara y, para disminuirlo, libera endorfinas para calmar ese "dolor" ficticio.

Ginseng

Aunque no se trata de un alimento propiamente dicho, el ginseng puede añadirse a tus recetas y, así, aprovechar al máximo sus propiedades. Se trata de una hierba medicinal idónea para mejorar el estado de ánimo y, de hecho, está recomendado para personas que padecen ansiedad y/o episodios depresivos ya que consigue estimular el sistema nervioso consiguiendo equilibrar el estado anímico.

Tiene la capacidad de aumentar la producción de endorfinas, además de aportarnos un extra de energía que ayuda a superar el cansancio tanto físico como mental. Por lo tanto, añadiendo un poco de esta hierba a tu día a día conseguirás sentirte con más vitalidad, con una sensación de bienestar y, también, con más ganas de tener sexo (otra de las prácticas que pueden ayudarte a aumentar las endorfinas de forma natural).

Alimentos ricos en Omega 3 Alimentos como el atún, las sardinas o el salmón son ricos en Omega 3, un ácido graso esencial que contribuye a mejorar nuestro estado anímico y que tan solo puede ingerirse con la alimentación. A diferencia de otros nutrientes que son producidos por nuestro organismo, en el caso del Omega 3 tan solo podemos introducirlo de forma externa ya que nosotros no lo producimos. Las personas que padecen depresión suelen tener carencia del EPA, un ácido graso eicosapentaenoico que forma parte del grupo del Omega 3 y que, si lo tomamos, consiguen reducir síntomas como la tristeza, la ansiedad o los trastornos del sueño. Por lo tanto, crea una dieta rica en este tipo de nutriente y conseguirás sentirte más vital y feliz.

9 ALIMENTOS CONTRA LA DEPRESIÓN

Te animamos especialmente a agrandar las ensaladas, una forma fácil de consumir más alimentos crudos, y en general de tomar en cada comida al menos un 50% de alimentos frescos, de calidad, de temporada y, a ser posible, orgánicos.

Notarás los beneficios rápidamente, pues los alimentos frescos están repletos de vida y de nutrientes.

Aún más feliz

Adicionalmente, si lo que deseas es potenciar aún más un estado de ánimo positivo, opta por alimentos que te ayudan a sentirte de mejor humor, más feliz y a fabricar neurotransmisores como:

- **Dopamina**: es una reguladora del humor. Para que no se oxide y cumpla su función incluye en tus platos almendras, aguacate, plátano, semillas de sésamo, y hortalizas, verduras y frutas de color naranja.

- **Serotonina**: es la llamada «hormona de la felicidad». Favorece su producción con aceite de onagra, pipas de girasol y calabaza, garbanzos, sésamo o chocolate negro crudo.

- **Melatonina**: esta hormona regula el equilibro entre el sueño y la vigilia. Te ayudan a aumentar sus niveles nueces, plátano, arroz, verduras crudas, granada, cerezas y jengibre.

AUMENTANDO LA MOTIVACIÓN

Doping natural con habas. El alimento que estimula tus neurotransmisores

Por otro lado, pregúntate si realmente tienes hambre antes de decidir comer. Observa tu estado emocional, pues comer con ansiedad, tristeza o enfado tendrá un efecto poco positivo en tu organismo.

Verás que si estás de buen humor y en armonía contigo mismo, tenderás a comer buenos alimentos.

Toma **alimentos ricos en vitamina C**, verduras y hortalizas de hojas verdes como espinacas, coles o brócoli; Consume pimientos rojos, tomates y calabaza; también frutas cítricas como las naranjas, toronjas, mandarinas, kiwis, frutos rojos o guayabas.

4 recetas adicionales para sonreír.

JUGO DE GRANADA

Ingredientes para 2 raciones

- 2 granadas
- 2 cucharaditas de açaí en polvo

Preparación 10 minutos

1. Corta la granada por la mitad, en sentido transversal. Golpea la piel con una cuchara o mazo de madera para desgranarla más fácilmente y sin perder el jugo.

2. Tritura bien los granos y pásalos por una bolsa o tela de nylon. Estrújala hasta obtener todo el jugo.

3. Añade las dos cucharaditas de açaí en polvo y vuélvelo a triturar todo otra vez. ¡Y ya está!

Procura tomártelo sin dejar pasar mucho tiempo.

ALMENDRAS AL ANÍS ESTRELLADO

Ingredientes para 6 raciones

- 250 g de almendras

- 1 cucharada de anís estrellado molido

- 60 ml de sirope de agave

- 60 ml de agua

- Una pizca de sal

Preparación 15 minutos + 24 horas para la deshidratación

1. El día antes, pon las almendras en agua y en remojo durante unas doce horas.

2. Una vez transcurrido el tiempo de remojo, cuela y lava las almendras y escúrrelas.

3. Separa media taza de almendras y machácalas bien.

4. Añade a esas almendras machacadas el anís estrellado, el sirope de agave, el agua y la sal y mézclalo todo hasta obtener una pasta.

5. Reboza bien el resto de almendras con la pasta que acabas de preparar, para que queden totalmente impregnadas.

6. Ponlas a deshidratar en el deshidratador durante unas veinticuatro horas, hasta que queden muy crocantes. Puedes comerlas en el momento o guardarlas en un tarro bien cerrado.

QUICHE DE CHAMPIÑONES

Ingredientes para 8 raciones

- 300 g de champiñones

- 30 g de cebolla

- 2 cdas. de zumo de limón

- 3 cdas. de aceite de oliva

- 2 cda. de tamari

- Pimientos secos

- Semillas de girasol

Para la **base**

- 150 g de pipas de girasol

- 3 cdas. de lino dorado

- 1 cda. de levadura nutricional y una pizca de sal

- 1 cdta. de alga espirulina

- 60 ml de agua

Preparación 30 minutos + 24 horas para la deshidratación

1. Corta 100 g de champiñones en láminas muy finas y macéralos una media hora con 1 cucharada de tamari y otra de aceite. Luego ponlos a deshidratar a 40-45 °C unas 24 horas. Resérvalos.

2. Para preparar la base, muele las pipas de girasol y el lino bien finos. Agrega la levadura, la sal, la espirulina y luego el agua hasta obtener una masa moldeable.

3. Haz un relleno triturando el resto de champiñones, aceite y tamari junto con la cebolla hasta que quede cremoso.

4. En un molde circular coloca la base, vierte el relleno y deshidrata a 45 °C una hora. Decora con el néctar de champiñones, los pimientos y las semillas.

PASTEL DE CACAO Y CREMA CHAI

Ingredientes para 6 raciones

Para la **base**

- 100 g de coco seco en láminas o rallado
- 10 dátiles de rama
- 1 cucharadita de canela
- 1 cucharada de manteca de coco
- 2 cucharadas de cacao en polvo

Para la **crema chai**

- 200 g de merey
- Media cucharadita de cardamomo molido
- Media cucharadita de clavo molido -
- 1 cucharadita de jengibre fresco rallado
- 5 cucharadas de azúcar de coco
- 2 cucharadas de aceite de coco virgen
- 120 ml de agua
- Un poco de pimienta

Preparación 20 min + remojo previo de 6 h

1. Antes de empezar, pon los merey en agua y déjalos en remojo durante 6 horas.

2. Una vez transcurrido este tiempo, cuélelos y lávalos.

3. Para la crema, mezcla los merey con el resto de los ingredientes y tritúralos hasta lograr una consistencia bien cremosa.

4. Para la base, tritura todo con un robot de cocina.

5. Intercala capas de crema y de la mezcla de la base en un recipiente rectangular.

6. Déjalo enfriar bien antes de cortarlo y servirlo.

CAPITULO 12
FELICIDAD Y EJERCICIO

Es sabido que el ejercicio tiene grandes beneficios sobre nuestro estado mental y emocional y ya hemos hablado de **_las hormonas involucradas_** en este efecto, sin embargo, aunque conocemos la relación entre ejercicio y endorfinas, no sabemos si todas las actividades tienen igual impacto, por eso, hacemos una revisión científica y te mostramos qué actividad nos hace más feliz.

Según nos muestra la ciencia, no todas las actividades físicas tienen igual estímulo sobre la liberación de endorfinas, sino que en una **_investigación_** se comprobó que la liberación de estas hormonas que producen sensación de placer, felicidad y tienen un efecto analgésico natural, es mayor cuando el ejercicio es de alta intensidad y genera un aumento de ácido láctico en sangre.

Es decir, según este estudio, trabajar a alta intensidad genera mayor liberación de endorfinas y por lo tanto, mayor sensación de felicidad tras el esfuerzo, lo cual coincide con otra investigación en donde se comprueba que cuando el ritmo del ejercicio permite eliminar el ácido láctico producido por el esfuerzo, las endorfinas no se incrementan notablemente en el cuerpo.

Asimismo, se ha concluido en un estudio que la liberación de endorfinas es directamente proporcional al nivel del esfuerzo y a la duración del mismo, por lo que, si bien podemos sentirnos mejor tras un entrenamiento intenso y de corta duración, también podremos sentir felicidad si el esfuerzo fue de intensidad moderada pero de larga duración.

Con todo esto, podemos concluir que las actividades que nos hacen más felices son aquellas que generan estrés en el organismo, pues en respuesta a éste es que se liberan endorfinas, por eso, ejercicios de alta intensidad o de larga duración que incrementan la concentración de ácido láctico en el cuerpo son las que inducen una mejor sensación tras el esfuerzo consecuencia de una mayor producción de hormonas de la felicidad.

La práctica habitual del yoga, taichí, Pilates o estiramientos, aparte de mejorar la flexibilidad y la fortaleza física, reduce el nivel de estrés. Por otro lado, el ejercicio aeróbico, como caminar, correr, ir en bicicleta o nadar, aumenta la síntesis de serotonina en el cerebro.

Si equilibramos ambos tipos de ejercicio durante un total de al menos 30 minutos diarios, haremos que nuestro organismo aumente la síntesis de serotonina y de otras hormonas con efectos beneficiosos sobre el estado de ánimo, como las endorfinas, que eliminan el dolor y procuran entusiasmo.

CAPITULO 13
FELICIDAD Y MEDITACIÓN

Si al leer este libro llegaras a la conclusión que es muy complicado y que solo estas preparado para quedarte con una información, te pido que por favor te quedes con esta: La meditación es el hábito de vida que conlleva mas beneficios de todo tipo. Yo tuve la enorme suerte de conocer la meditación desde joven. Comencé a meditar a eso de los 25 años y he continuado haciéndolo ininterrumpidamente hasta el día de hoy. Lógicamente como toda disciplina, la práctica hace al maestro. Actualmente no solo la practico sino que doy talleres de meditación y la profeso como la práctica mas provechosa para el cuerpo, mente y espíritu.

Pero porqué favorizo, fomento y priorizo tanto la meditación en mi vida y en la de la gente que me rodea? La vida moderna plantea muchas distracciones que hacen muy difícil estar totalmente presente en una actividad a la vez. De hecho tengo entendido que la generación de los Milenials están totalmente ganados por el concepto del multitasking que implica estar haciendo varias cosas a la vez. Esto es muy bueno cuando se persigue la eficiencia y la economía del tiempo, pero no favorece un estado de ánimo plácido, placentero y apacible. Por eso es que necesitamos la isla de sosiego que nos da la meditación. En relación a la compatibilidad de la práctica de la meditación con el agitado estilo de vida actual, les propongo un tiempo y espacio mínimo de 5 minutos diarios. La idea es mantener esta practica por 21 días continuos para vencer la resistencia inicial que la mente intentara contra cualquier actividad nueva. Al cabo de ese lapso de tiempo el cerebro aceptará la meditación como un hábito y todo será mas fácil. Gradualmente puedes ir aumentando el tiempo a 10, 15 o 20 minutos por día. Eventualmente tu mismo querrás resguardar esa práctica por su enorme aporte a tu coeficiente de felicidad diaria.

Un articulo publicado por la revista Scientific American hace públicas las conclusiones del monje budista y microbiólogo Matthieu Ricard, a quien ya citamos en este libro y Richard J. Davidson otro pionero en en el estudio de la neurobiología de la meditación.

El estudio se llevó a cabo durante 5 años por la Universidad de Wisconsin en cordinacion con otras universidades y monasterios budistas.

Se observó que durante la meditación los niveles de ansiedad y depresión bajan.

Se activan las áreas del cerebro vinculadas a la empatía, compasión y amor altruista.

Se reduce el tamaño de la amígdala, la zona del cerebro donde se genera el miedo.

Aumenta la Telomerasa, molécula responsable por la supervivencia de las células al cáncer.

Pero además se comprobó que la meditación:

*Mejora la memoria

*Mejora la calidad del sueño

*Reduce la presión sanguínea

*Mejora la concentración

*Mejora la estabilidad emocional

*Mejora el estado de ánimo

*Aumenta el grosor de la corteza cerebral

*Mejora la salud en general

FELICIDAD SOSTENIDA

CAPITULO 14
FELICIDAD Y RESILIENCIA

En todos mis libros hago referencia a la RESILIENCIA porque estoy convencido de que es un recurso de altísimo valor para enfrentar los retos y desafíos de la vida, ademas de que nos empodera para transitar los caminos de la vida de forma mas libre, fluida y exitosa ya que nos ofrece la enorme ventaja de transformar los obstáculos en herramientas a nuestro servicio.

La Resiliencia es un termino que deriva de la ingeniería, significa: la capacidad que tiene un material para recuperar su forma original después de sufrir una gran presión. La Psicología positiva ha adoptado este término para definir la capacidad que tienen las personas para reaccionar satisfactoriamente ante la adversidad.

El estudio y aplicación de la Resiliencia dinamiza y potencia una salud mental óptima. La Psicología moderna comenzó a darle estructura a la Resiliencia a través del testimonio de miles de persona alrrededor del planeta que han superado situaciones traumàticas y han logrado desarrollar recursos, habilidades y capacidades latentes como consecuencia del trauma mismo. Pero entonces surge la pregunta: Tenemos que atravesar por una crisis para averiguar si somos o no resilientes? La buena noticia es que ya no. La psicología positiva ha aislado 10 acciones que nos ayudan a ser resilientes para que cuando la inexorabilidad de la vida nos enfrente con situaciones potencialmente traumàticas, estemos mejor dotados para "surfear la ola".

Decálogo del resiliente.

Levantarse, Olvidar, confiar, aprender, recrearse, amar, liberarse, perdonar, renacer y cuidarse. Ahora veremos cada uno en mayor detalle.

1. LEVANTARSE.- Sea cual fuere la situación que te aqueja ya pasó. Por muy tentador que resulte el susurro de una mente deprimida, quedarse pegado, enganchado o tumbado lamiendo heridas, esto no te hará mejor persona. Es mas, si prolongas esa fase mas de lo debido comprometerás incluso a tu red de apoyo de familiares y amigos quienes se pueden llegar a cansar de una actitud derrotista y autocompasiva, llegando a alejarse de tí. Levantarse, sacudirse el polvo, curarse las heridas y continuar no es una opción mas es el único camino que te va a llevar de regreso a la felicidad. Aclaro que no se trata de negar lo que sea que haya pasado. Se trata de concientizar que has tenido una caída, un bache en el camino y que esta experiencia no te define, solo esta probando a ver de que estás hecho.

2. OLVIDA.- Este es un proceso de memoria selectiva en donde debes aprender a separar los buenos recuerdos de la situación vivida de aquellos que es mejor dejar atrás. Usualmente nos hacemos daño invirtiendo este proceso mental, es decir nos engañamos idealizando los buenos recuerdos y regodeandonos en el sufrimiento que nos producen los malos recuerdos. Al poner una "lupa objetiva" en lo bueno, lo malo se sale de foco y se nos hace mas fácil dejarlo ir. Pero cuidado: lo que resistes persiste, así que no te empeñen en olvidar, solo deja que suceda gradualmente, el tiempo es tu aliado, déjalo trabajar al mismo tiempo que tu vas creando nuevos recuerdos. Ponte metas a corto plazo: hoy solo daré cabida a buenos recuerdos...

3. CONFÍA.- Es bastante común sentir que pierdes la confianza tanto en tí como en tu entorno después de un episodio traumàtico. Entonces lo primero es revisar mi autoconfianza. Evaluar la fe en tus capacidades, respeto por ti mismo, merecimiento, y autovaloraciòn, antes de pretender que otros confíen en tí y a tu vez tu confíes en ellos. Confiar en las propias opiniones y sentirnos dignos de ser tomados en cuenta es la base de una autoconfianza sana. Nunca conocí a ninguna persona prominente que no tuviera una enorme confianza en si mismo y por ende en los demás.

4. APRENDER.- La neurociencia sigue haciendo hallazgos acerca del fascinante mundo de nuestro cerebro, pero si hay algo que ya resulta claro es que el cerebro procesa cada experiencia vivida y establece conexiones sinàpticas que luego usará en situaciones similares. En otras palabras: siempre estamos aprendiendo. Ahora sabemos por ejemplo que el optimismo se aprende y es una magnífica herramienta para manifestar nuestros deseos y anhelos en forma sistemática y continua. Por eso aprender de una situación traumàtica es indispensable para redimensionar nuestros propósito y percepciones de vida. No es lo que te pasa lo que te define, es lo que haces con lo que te pasa.

5. RECREARSE.- Aquí hablamos de conectarnos con el lado lúdico de la vida. La psicología positiva profesa que no hay posibilidad de un equilibrio psicológico sin recreaciòn. No es un lujo, nunca lo fue y menos después de vivir algo duro, difícil o traumàtico. La recreación es un derecho, un valor y una necesidad. En la etapa de rebote no basta con hacer lo que solíamos hacer en materia de recreación. Hay que conectarse con la creatividad y animarse a probar otras y nuevas formas de esparcimiento. Se trata de darle a nuestro cuerpo y mente altas dosis de dicha de vivir a través del contacto con actividades placenteras.

6. AMAR.- Aquí hablamos de todos los tipos y clases de amor. Paterno filial, fraternal, amistad, pareja, amor divino. La propuesta es ejercer ese derecho que todos tenemos de amar, incluso sin esperar ser amados ni de la misma forma ni en la misma cantidad, ya que el amor es de quien lo da. Es sumergirnos en ese torrente energético arrollador del amor compasivo por todos y por todo, mas allá de nuestros prejuicios y demás impedimentos de nuestro mapa mental. Quien ama en forma dispendiosa no está nunca mal. Así como quien come bien no puede estàr desnutrido. Ademas por ley de causa y efecto si amáramos en abundancia a todos y a todos esa energía amorosa nos alcanzarà de nuevo aunque no sea ni a través de la mismas personas ni en los mismos tiempos en que lo damos. Por eso es importante la otra cara de la moneda: dejarse amar. Se trata de aceptar esa sonrisa, ese gesto o palabra amable, esa invitación a tomar cafè. Se trata de bajar los escudos y corazas para que el mundo te pueda ver vulnerable y te tienda la mano. El amor siempre nos acerca a la felicidad.

7. LIBERARSE.- De que? Quien no tiene prejuicios, preconceptos, bloqueos, condicionamientos, o creencias limitantes? Luego de pasar por una crisis conviene una introspecciòn para determinar cuales de estos elementos de nuestra estructura mental nos agregan valor y cuales nos llevaron a la situación que nos hizo sufrir. Lo que a primera vista pueden parecen robustas cadenas pueden ser disueltas mediante un proceso de reprogramaciòn mental. En otro capítulo de este libro les proporciono una herramienta altamente eficaz para re-entrenar tu cerebro se llama PNL (Programaciòn Neuro Linguística). Ejercer la libertad implica tener la valentía de salir no solo de la zona de confort a la zona de exploración, sino aventurarse a la mal llamada "zona de pánico" ya que allí residen posibilidades que ni siquiera están en nuestro espectro de opciones.

8. PERDONAR.- Este acto simple y corto resulta ser un verdadero reto para la mayoría de nosotros. Porque? Acaso sentimos que al perdonar condonamos las acciones que percibimos como dañinas? En absoluto. Perdonar es el primer acto hacia la sanación. Al perdonar liberas a un preso, ese preso eres tú. Al perdonar sueltas un fardo cargado de piedras con nombres como rencor, resentimiento, ira, odio y deseo de venganza. Cuando perdonas le pasas el testigo al cosmos para que haga su trabajo contable basado en la ley de causa y efecto. Y lo mas importante. Cuando perdonas, te perdonas a ti mismo. Por haber errado, por haber creído, por no haber escuchado la sabia e infalible voz de tu alma cuando te advertía, por haberte apresurado o por no haber actuado a tiempo. No importa el porque, lo que importa es liberarse de la carga.

9. RENACER.- Después de una experiencia desafiante o traumàtica conviene revisar nuestro hábitat, nuestras relaciones interpersonales, nuestro trabajo, nuestra actividad física y nuestros proyectos para determinar si pudiera haber aspectos de esas dimensiones de nuestra vida que no estén en resonancia con nuestro ser actual. En otras palabras puede ser que algo que me gustara antes del evento traumàtico ya no me guste. Entonces se trata de limpiar, soltar, renovar, remodelar, cambiar, botar, rediseñar, cosas, espacios, relaciones y circunstancias para abrirnos una vez mas al infinito de posibilidades que reside en la incertidumbre. trata de aprender a mirar de nuevo lo ya hemos mirado antes y ver lo que no habíamos visto. En el renacer hay felicidad inherente.
10. Cuidarse.- Aqui se hace evidente que hablamos de salud física, mental y emocional, pero también del entorno relacional, las pertenencias, los logros. Y también algo que a muchos les resulta difícil: pedir ayuda, atención y apoyo de la red de familiares y amigos forma parte integral del proceso de autocuido y reconstitución de una persona relisiente.

Estas nociones de Resiliencia están basadas en los estudios

de la prominente psicóloga venezolana Jasmín Sambrano.

CAPITULO 15
FELICIDAD Y FARMACOS

Siendo el bienestar o la felicidad una experiencia subjetiva pero íntimamente ligada a las emociones, la industria farmacéutica también ha querido su porción del pastel. Si bien es cierto que la psicología clínica y la psiquiatría se han apoyado durante décadas en la farmacopea para tratar psicopatologías que implican estados de extrema ansiedad, depresión, psicosis y otros desórdenes de la psique humana. También hay que notar que esa misma industria se ha diversificado en cuanto a la gama de fármacos ofrecidos, haciéndolos accesibles y en muchos casos hasta recomendados para las personas sin un diagnóstico clínico que lo justifique.

Aunque la neurociencia sigue en plena ascensión como disciplina de vanguardia en el estudio y comprensión del cerebro humano. Hay ciertos hallazgos que en mi opinión han sido mal utilizados y me refiero al efecto de ciertos químicos en la secreción o capacidad de reabsorción de ciertos neurotransmisores. Es decir: Bienestar y felicidad temporales en una píldora.

El problema, es que cualquier persona, ansiosa, triste, o incluso insegura se convierte en el objetivo de la industria de la felicidad, en su momento más vulnerable los oportunistas acechan y se aprovechan de su sufrimiento, ofreciendo la promesa de un mejor mañana, solo hay que ver algunos de los comerciales de anti-depresivos de las grandes compañías farmacéuticas para entender a que me refiero.

Entonces mi advertencia es clara y simple. La farmacopea es útil para tratar estados de ánimo en personas con enfermedades mentales diagnosticadas. Usarlos libre o alegremente para inducir una sensación de sosiego momentánea es altamente peligroso. No sería muy diferente del alcohólico o drogadicto que recurre a la sustancia para sentirse mejor. Yo en este tema soy categórico. La felicidad no es algo momentáneo, inducido por algún agente externo. Eso podría ser, placer, sosiego, euforia o éxtasis pero no es felicidad.

Si no tenemos cuidado, podemos terminar volviéndonos consumidores empedernidos de un producto que promete una mejor calidad de vida, pero que al final del día es, en el mejor de los casos una solución temporal y en el peor una espiral que nos hunde en la ruina financiera y emocional.

CAPITULO 16
FELICIDAD Y ÉXITO

El éxito es otro de esos conceptos que ha sido manipulado, vapuleado, abusado y deformado para servir diversos intereses. Como la felicidad el éxito es un concepto cuya percepción va a variar enormemente de acuerdo a quien lo contempla. Para un monje budista por ejemplo el éxito podría ser cumplir con su cuota de nuevos aprendices de monje cada año.

Para un occidental en cambio, el éxito está hipervinculado con las ganancias financieras o la capacidad de amasar fortuna.

Es vital que tengamos muy claro cuáles son nuestros valores y que significan para nosotros. No hacerlo implica aceptar los valores y definiciones de otros y permitir que nos limiten y definan.

El éxito es unos de los valores mas emblemáticos de la vida moderna y su impacto en nuestra experiencia es trascendental.

Por eso he querido decodificarlo. Éxito es un estado de bienestar derivado al logro y visto desde la nueva conciencia tiene que ver con la obtención de resultados deseables y deseados en las diferentes dimensiones de la vida de una individuo. Alguien con gran riqueza material pero sin buenas relaciones interpersonales, no es exitosa. Una persona que tiene fama pero no tiene buena salud no es exitosa, una persona que es bella pero carece de auto estima no es exitosa. El éxito no es ninguno de estos rasgos míticos de riqueza, fama o belleza excepcional. Yo prefiero pensar y creer que el éxito es la capacidad de un individuo para generar equilibrio, armonía y satisfacción en todas las áreas de su vida, en el entendido de que siempre habrá imponderables que puedan amenazar ese equilibrio. En mi peregrinaje por el mundo he conocido gente altamente exitosa sembrando papas, expresando su creatividad en la artesanía, consagrando su vida a ayudar a otros. Esas personas no están buscando o esperando algún tipo de reconocimiento para sentirse exitosos, no están subordinados a los criterios de excelencia o triunfo de otros para poder sentirse bien consigo mismos. Esas personas han logrado establecer un vínculo estrecho entre el éxito y la felicidad que no antepone ninguno de estos dos valores al otro. Es decir son felices porque son exitosos y son exitosos porque son felices. Así que revisa tu definición de éxito porque es probable que ya lo seas y no te hayas dado cuenta.

CAPITULO 17
FELICIDAD Y MUSICA

Si hay algo de lo que no necesito convencer a mis lectores es del enorme poder de la música sobre nuestras emociones. Basta con darle un vistazo a una industria que mueve billones de dólares al año en todo el mundo, produciendo mas y mas artistas y géneros musicales a cada instante.

Pero hay ciertas notas, armonías y melodías que favorecen la felicidad a través de varias tecnologías. Una de ellas son las ondas Binaurales, otra son los sonidos subliminales y así hay varias opciones. Mas le dejo algunos links para que las escuchen y vean si algo para ustedes.

https://www.youtube.com/watch?v=Z0-jTY6qWWA&start_radio=1&list=RDZ0-jTY6qWWA&t=25

FELICIDAD SOSTENIDA

CAPITULO 18
FELICIDAD Y RELACIONES

Martin Selligman es un psiquiatra norteamericano a quien se le considera el padre de la psicología positiva. Ya lo hemos referenciado en este libro. Selligman ha publicado estudios en los cuales desmitifica algunas factores como la belleza, la fama o incluso la riqueza material como determinantes en la felicidad duradera de las personas. Selligman le otorga el primer lugar a las relaciones interpersonales: pareja, familia, amigos, e incluso conocidos. Se trata de darle una alta prioridad a las relaciones cercanas en tu vida. Esto no implica que hace falta tener relaciones perfectas para ser mas feliz -aunque sería deseable- lo que implica es abrazar esas relaciones cercanas con toda su complejidad y dificultad. Cultivarlas es vital para tu salud emocional ahora y en tu futuro.

FELICIDAD SOSTENIDA

CAPITULO 19
FELICIDAD Y PROPOSITO

Vkictor Frankl fue un psiquiatra que sobrevivió a los campos de concentración Nazis y fundó la Logoterapia. Es una terapia basada en el propósito de la vida.

Es perfectamente posible tener una vida sin propósito, de hecho pienso que gran parte de la humanidad vive de esa manera. Vivir sin propósito es simplemente sobrevivir pero no se llega a elevar la vida hasta el concepto griego de *eudaimonia* que es el término para definir el mayor bienestar humano. Tener un propósito implica creer en algo con gran pasión, hacer algo con gran pasión y ser capaz de hacer ese algo aún sin compensación. Aclarando por supuesto que en este universo energético todo implica un circuito de dar y recibir y que de ninguna manera sugiero que para tener propósito hay que dedicarse a actividades caritativas. Me refiero a encontrar ese talento único que todos poseemos, o esa afición donde el tiempo no existe, o esa causa por la que merece la pena luchar y trabajar.

El profesor de la Universidad de Harvard Tel Ben Sahar habla del proceso MPS. Que contiene las siglas para significado, placer y fortalezas. El sugiere hacer un inventario de todas las cosas significativas para tu vida. Luego un inventario de las cosas que son placenteras para tu vida. Por último un inventario de tus fortalezas. El mayor cúmulo de felicidad según el profesor Ben Sahar está en aquellas cosas que coincidan en las tres listas. De hecho es un ejercicio muy recomendable para la toma de decisiones importantes de la vida, como a que dedicarse o si continuar o no en un trabajo, en una relación o en una causa.

FELICIDAD SOSTENIDA

CAPITULO 20
FELICIDAD Y FRACASO

A primera vista puede parecer una contradicción pero cuando vemos el historial de grandes personajes de la historia como Marie Curie, Tomas Edison o Leonardo Da Vinci. Tuvieron gran número de fracasos junto con sus éxitos. Y esta estadística se extiende a todos los ámbitos de la vida moderna también: política, finanzas, telecomunicaciones, emprendimientos de internet, etc. El fracaso no es mas que un resultado no deseado. Cuando aprendemos a fracasar con gracia, no permitimos que ese resultado no deseado nos desanime o deprima, por el contrario, tomamos la esencia de la experiencia para determinar que podemos cambiar para obtener los resultados que deseamos. Esta actitud nos proporciona una seguridad psicológica que es un nuevo concepto en la psicología positiva. Se trata de saber que está bien equivocarse, es legítimo cometer errores. Esto nos anima a intentar mas cosas, mas veces que si tememos al fracaso.

FELICIDAD SOSTENIDA

CAPITULO 21
FELICIDAD Y SALUD

Si hay algo que puede resultar obvio es que sin salud no hay felicidad posible ya que la salud es el pasaporte para desempeñar actividades y perseguir anhelos, metas y sueños. Pero realmente estamos conscientes de la importancia de la salud. A menudo la relegamos, la abusamos, rara vez la fomentamos y casi nunca la reconocemos. Al momento de escribir este libro estaba pasando por un proceso de enfermedad grave que sobrevino sin aviso y me inutilizo por 2 meses. En ese período, permanecí solo la mayor parte del tiempo, sometiéndome a un estricto régimen de reposo y aislamiento social. Nunca antes se me había hecho tan clara la correlación entre salud y felicidad. Cuando la salud flaquea es como estar en un gran centro comercial, lleno de tiendas bien surtidas, restaurantes y demás atracciones y de pronto hubiese un apagón. Todo lo que hacía ese lugar atractivo desaparece. Así percibí yo el repentino pestañeo de mi salud. De pronto no podía hacer nada de lo que me gustaba (trabajo, ejercicio, vida social, etc) y todo lo que me quedaba era una sensación de minusvalía, inutilidad y soledad. Ahora valoro, agradezco y reconozco a mi salud por su rol protagónico en cada día de mi vida. A la vez que que soy considerablemente mas cuidadoso en cuanto a su mantenimiento. Si me pidieran que definiera felicidad en una sola palabra sería SALUD todo lo demás es parafernalia.

FELICIDAD SOSTENIDA

CAPITULO 22
EXPERIMENTOS SOCIALES

1.- LA QUEJA.

Thierry Blancpain y Pieter Pelgrims. No recuerdan quién se lo propuso a quién (o prefieren no decirlo), pero el caso es 2010 decidieron establecer en febrero el proyecto Complaint Restraint February. Un mes de 28 días en el que uno no podía quejarse por tonterías.

Cuando acabo el período libre de quejas, llegaron a dos conclusiones positivas:

1. Por un lado, aumentaron la sensación de felicidad, porque se esforzaron mucho por ser positivos.

2. Por otro, se dieron cuenta de que ciertos conocidos eran muy negativos y les hacían más infelices a ellos al no parar de protestar.

Tras aclarar que quejarse no es malo de por sí, Blancpain explica que su idea es dejar de hacerlo por las pequeñas cosas que en realidad no importan. "La lluvia, el bebé que llora en el restaurante, el jefe que te hace estar una hora más en la oficina, el autobús que perdiste para ir al trabajo". Acontecimientos que "vistos con perspectiva no importan y en las que enfocarse es una pérdida de tiempo y energía". "Si tenemos comida, casa, familia, amigos... ¿no deberíamos ser felices?". Los creadores de la iniciativa tienen el conocimiento que dan años de práctica. Un truco es darle la vuelta a las quejas en sugerencias positivas.

Las personas exitosas no se centran en las cosas negativas: La gente brillante no pierde el tiempo con pensamientos negativos de auto-derrota. Cuando se enfrentan con dificultades, son rápidos para identificar los beneficios que les puede proporcionar esa experiencia y se recuerdan a sí mismos que han superado con éxito muchos obstáculos antes, por lo que sin duda puede superar de nuevo problemas.

2.- LA SONRISA DE DUCHENNE.

Este es quizás uno de los experimentos científico-sociales mas antiguos en relación a la felicidad. Se trata del trabajo del médico francés Guillaume Duchenne quien se dedicó a estudiar las expresiones faciales y su correlación con las emociones. Duchenne logro reproducir a través de impulsos eléctricos las expresiones de la rabia, sorpresa o alegría, y dolor. Esto me resulta relevante pues pues los investigadores posteriores a Duchenne unieron los cabos sueltos, concluyendo que hasta fingir una sonrisa puede aumentar la producción de ciertas hormonas vinculadas a la alegría el placer y la felicidad. Por lo que podemos deducir que en momentos de infelicidad podemos engañar al propio cerebro con nuestro lenguaje corporal y facial.

3.-EGOISMO VS ALTRUISMO.-

En la Universidad norteamericana de Saint Thomas en Florida se les dio a dos grupos de estudiantes un billete de 100 dólares. El primer grupo debía gastarlos en si mismos. El segundo en otras personas. Luego se les hizo un cuestionario. El grupo que lo gastó en otros reflejó mayores niveles de felicidad que el grupo que lo gasto en si mismos. Conclusión: Ayudar a otros nos acerca a nuestra propia felicidad.

4.- COMPRANDO TIEMPO.

Las personas que gastan dinero para comprar más tiempo libre **son más felices**, ya que el estrés por jornadas saturadas de actividades y tareas provoca un menor bienestar y genera ansiedad e insomnio, sugiere una investigación.

Un equipo internacional de científicos llevó a cabo un estudio-experimento con más de seis mil adultos en Estados Unidos, Canadá, Dinamarca y Países Bajos para corroborar si efectivamente el **uso del dinero** está relacionado con el **aumento de la felicidad**.

Se dice que el dinero da la felicidad; sin embargo, existen personas con buen nivel económico que no son felices, o bien hay gente con menores recursos que sí lo es, todo es relativo, finalmente **no importa si eres rico o pobre para ser feliz**, aseguran los investigadores.

Al parecer, las personas **son más felices si tienen más tiempo libre** pero en un mundo tan acelerado, lleno de gente, responsabilidades y demás, los momentos de descanso y ocio son escasos.

Los investigadores realizaron una serie de encuestas en las que preguntaron a más de seis mil adultos, incluidas 800 personas ricas, acerca de cuánto dinero gastaban en la compra de tiempo libre; es decir, pagar para que alguien más hiciera sus actividades pendientes.

Los resultados mostraron que menos de un tercio de las personas **destinaban dinero para comprar tiempo libre cada mes** y justo este grupo reportó tener mayor satisfacción y felicidad en la vida, que el resto de los participantes.

A continuación, los especialistas llevaron a cabo un experimento de dos semanas con 60 adultos que trabajan en Vancouver, Canadá. En un fin de semana, se pidió a los participantes que gastaran 40 dólares en una compra que les ahorraría tiempo.

Los voluntarios hicieron cosas como comprar almuerzos para ser entregados al trabajo, pagar a los niños del barrio para hacer mandados para ellos, o bien por los servicios de limpieza.

Para el otro fin de semana, se les dijo que gastaran la misma cantidad en bienes materiales, y sus compras incluyeron principalmente vino, ropa y libros.

De acuerdo con los resultados de la investigación, publicada por la cadena de noticias BBC, los individuos reportaron **mayor felicidad** al usar los 40 dólares para ganar tiempo libre, pagando por las tareas que debían hacer en lugar de gastarlos en bienes materiales.

En una serie de encuestas encontramos que las personas que gastan dinero para comprar más tiempo libre son más felices, es decir, tienen mayor satisfacción con la vida", dice la doctora Elizabeth Dunn, profesora de Psicología de la Universidad de Columbia Británica, Canadá.

El ahorro de tiempo comparado con las compras de materiales incrementa la felicidad, "con dinero se puede ganar tiempo libre y el tiempo es bastante efectivo para reducir el estrés", afirma la profesora Dunn, autora del estudio quien trabajó con colegas de la Harvard Business School y la Universidad de Maastrich.

5.- FELICIDAD Y OLOR

.Una nueva investigación sugiere que podría haber un modo menos obvio de captar las emociones positivas de otra persona: el olor.

Según un equipo de investigadores europeos, la felicidad podría generar sustancias que aparecen en el sudor, y esa señal a través del sudor la huelen las personas que se encuentran cerca.

Los experimentos también sugieren que no solamente respiramos las emociones alegres de los demás, sino que al hacerlo en realidad nos sentimos más felices nosotros mismos.

"El sudor humano producido cuando una persona se siente feliz induce un estado similar de felicidad en alguien que huele este olor", dijo el coautor del estudio, Gun Semin, profesor de investigación en el departamento de psicología de la Universidad de Koc, en Estambul, Turquía, y del Instituto Superior de Psicología Aplicada en Lisboa, Portugal.

Los hallazgos aparecen en una edición reciente de la revista *Psychological Science*.

Los investigadores indicaron que las investigaciones previas ya han demostrado que las emociones negativas, como el miedo o el disgusto, pueden comunicarse a través del olor del sudor.

Para ver si ocurre lo mismo con los sentimientos más felices, el equipo de Semin recogió muestras de sudor de 12 hombres jóvenes después de que cada uno de ellos viera videos diseñados para inducir una serie de emociones, que incluían la felicidad y el miedo. Todos los hombres gozaban de un buen estado de salud, no fumaban ni tomaban drogas, y ninguno bebió alcohol ni consumió alimentos aromáticos ni mantuvo relaciones sexuales durante el periodo de estudio.

A su vez, 36 mujeres igualmente en buen estado de salud, se dedicaron a oler las muestras mientras se monitorizaban sus reacciones. El grupo que debía oler, explicaron los investigadores, se confinó a las mujeres porque éstas normalmente tienen un sentido del olfato mejor que el de los hombres, y además son más sensibles a las señales emocionales.

Después de analizar las expresiones faciales del grupo que olía, el equipo de investigación concluyó que de hecho parecía haber lo que se conoce como "sincronización conductual" entre el estado emocional de una persona que sudaba, el sudor generado, y la reacción de la persona que olía dicho sudor.

En concreto, eso significaba que las caras de las mujeres que olían el "sudor feliz" mostraban una actividad de los músculos faciales que se considera que representa a la felicidad.

Pero el sudor no siempre produjo una respuesta contagiosa en el que lo olía. Por ejemplo, las personas que olieron y que verbalizaron que tuvieron una reacción "agradable" o "intensa" ante una muestra de sudor no manifestaron esas reacciones en sus expresiones faciales.

¿Qué es lo que exactamente hace que el «sudor feliz» sea contagioso?

Semin, que también es profesor de ciencias sociales y de la conducta en la Universidad de Utrecht, en Holanda, reconoció que "no hemos demostrado cuál es la naturaleza de los componentes químicos del sudor".

Pamela Dalton, científica olfativa (del sentido del olfato) del Centro de los Sentidos Químicos Monell, en Filadelfia, dijo que los hallazgos le parecieron "un poco sorprendentes".

Sin embargo, "lo que es interesante en este estudio es que sugiere que una emoción positiva puede comunicarse, lo que en mi opinión es mucho menos importante para la evolución y la conducta humanas que ser capaz de transmitir y reconocer una emoción negativa, como el miedo o el enfado", dijo

Dalton.

Por esa razón, Dalton dijo que "esperaría que la capacidad de comunicar una emoción feliz fuera [en realidad] menos potente que la capacidad de transmitir una emoción negativa".

Pero Andreas Keller, investigador asociado de la Universidad de Rockefeller de la ciudad de Nueva York, dijo que los hallazgos del estudio tienen sentido de manera intuitiva.

"Escuchar a personas felices y ver a personas felices nos hace sentirnos más felices", dijo, "de modo que el hecho de que olerlas también nos haría sentir más felices no es tan sorprendente".

Según Keller, el próximo paso "sería averiguar cuál es la diferencia en las sustancias químicas entre el sudor del miedo y el sudor feliz que median en dichos efectos. Esto abriría la puerta al estudio de lo que está pasando a nivel mecánico".

FELICIDAD SOSTENIDA

CAPITULO 23
FELICIDAD CONTAGIOSA

Hay personas que van por el mundo con una sonrisa en los *labios.* Ellos, sin siquiera darse cuenta, son portadores de felicidad que van destilando dondequiera que pasan. ¿Alguna vez has sentido que la alegría y las buenas energías de alguien te hacen sentir contento? Una investigación reciente determinó que los sentimientos que percibimos en los demás pueden tener un impacto en cómo nos sentimos.

El pensamiento positivo y la felicidad se contagian. Ya lo habrás oído. Sin embargo también se contagian la tristeza, la ira, la desesperación, el estrés, la depresión…Entonces, cual es tu talante emocional? Ya sabes que cambiar depende sólo de ti. Elige sabiamente y vivirás más y mejor.

Pensamiento positivo

Te bombardean por los medios, por las redes sociales, tus amigos por el whatsapp… **¡Sé feliz!** "Como si fuera tan fácil" pensarás a veces.

Pues SÍ es fácil. De hecho, ser feliz no es un objetivo a conseguir, es una realidad. Es una forma de ver la vida. Es una forma de vivir realmente.

"Piensa en positivo"
"Sé más positivo"

"Fuera esos malos pensamientos y piensa en lo bueno de todo esto"

No son frases vacías.

Ser feliz es un propósito.

Puedes ser feliz HOY si quieres, cambiando sólo una creencia. Y es que además la felicidad se contagia. Por eso es bueno tener pensamientos positivos y verlo todo por el lado enriquecedor. Si tú ves la vida positiva, los que te rodean se sentirán contagiados.

Yo soy defensor de la felicidad, eso no significa que no tenga malos ratos, ni que no esté triste ni molesto a veces. Al contrario. Todas esas emociones las vivo y me encanta tenerlas porque aprendo mucho de ellas. La *inteligencia emocional* no es ser feliz todo el tiempo, es poder *surfear* las olas emocionales sin que te tumben y revuelquen.

La felicidad en el cuerpo

Algo buenísimo que tiene la felicidad es el efecto que produce en el cuerpo a nivel químico. Endorfinas, dopamina, oxitocina… Todas esas sustancias y neurotransmisores son las que producen unos **efectos placenteros en el organismo**. El ejercicio físico, el acto sexual, algunas comidas, disfrutar de un hobbie, son cosas que proporcionan felicidad.

Aún frente a la adversidad puedo elegir como vivirla. Porque es tu vida y tu cuerpo.

¿En qué basas tu felicidad?

Todo depende de dónde está tu felicidad, quién tiene el control sobre tu felicidad. Existen dos tipos:

-Locus interno: La felicidad depende de ti.

-Locus externo: La felicidad depende de otros.

Dependiendo de dónde ubiques tu felicidad, así tendrás el poder sobre ella. Esto es así.

Si la felicidad depende de ti, perfecto. Tú la cocinas y tú te la comes. Claro que eres también el *responsable* de tus momentos no tan felices. Y eso no debería de ser una mala noticia, porque piensa que eres tanto el responsable de tus buenos momentos como de los malos. Aprende sobre ello y actúa en consecuencia.

Si la felicidad no depende de ti, es porque tú haces que no dependa de ti. Si tu felicidad depende de que tu jefe, de un ascenso, de que tu pareja te diga lo bien que te ves, de que las personas admiren y reconozcan tu valía… Perdona que te lo diga pero **vas por el camino de la dependencia.**

Una cosa es que necesitemos amor, seguridad y reconocimiento y otra muy distinta es que nos lo tienen que dar los demás para ser felices. Ser feliz depende de ti. Sé feliz tú y harás felices a los demás. Sólo desde ese estado podrás vivir bien y vivir plenamente.

Tips.-

He aquí algunas claves para que te des cuenta de dónde pones tu felicidad. Ten en cuenta que **la felicidad se contagia**, igual que la tristeza, la depresión, la rabia, etc. Si sabes dónde proyectas tu felicidad, sabrás conectarte con ella cuando la necesites. Te recomiendo que explores dónde está tu felicidad y disfrutes de ella, la vivas, la compartas y no permitas que se te escape, ya que ella suele ser escurridiza.

1. Haz cosas que te gusten.

Quizás suene simple y hasta egoísta pero se trata de serlo ocasionalmente. Elige una vez al día algo que simplemente te guste hacer: ya sea dar un paseo, ver una película, cómprate ropa, o jugar a un videojuego. Date el gusto. Es tu vida.

2. Aprende de tus desafíos

Todos tenemos malos ratos, todos tenemos tristeza y enfado, miedo y estrés. El problema viene cuando eso se enquista. No dejes que ocurra. Aprende de ello y saca el lado positivo de lo que ha pasado. ¿Qué mensaje puedo derivar del evento?

3. Identifica 3 cosas que te hayan hecho feliz ese día.

Cuando vayas a dormir, piensa en 3 cosas que te hayan hecho sonreír, que te hayan dado un toque de felicidad. Da igual lo que sea: que te encontraste con un amigo que hacía tiempo que no veías, que te cedieron el paso, que te encontraste de casualidad con un lugar mágico que nunca habías visto... Lo que sea, pero 3 cosas. Estudios científicos prueban que recordar un buen momento generan incluso mas neurotransmisores que la vivencia en si.

¿Qué te haría un poco más feliz hoy?

Si lo que respondes es: más dinero, un carro, una pareja, un trabajo... Estás poniendo la felicidad en manos de otros (locus de control externo). Reformula la frase por otra que comience así: **"Para que hoy sea un poco más feliz necesitaría que yo..."** Si comienzas así la frase, te aseguro que lo que siga dependerá de ti totalmente (...necesitaría que yo buscara trabajo, que yo me comprara un carro) Asúmete como el capitán de tu vida.

4. Toma la iniciativa.

Sonríe y te devolverán la sonrisa. Así funciona. No esperes a que los demás sean corteses contigo, no esperes a que todo el mundo te salude y te adore. Ve a la oficina con una sonrisa, saluda atodos con una sonrisa, dale un beso a tu pareja y dile tú primero que la quieres. Son sugerencias simple, pero eficaces.

MAS CIENCIA.-

Según información de <u>Huffingtong Post</u>, un estudio publicado en la revista *Psychological Science* dejó ver, a través de distintos experimentos, que las personas que identificaban sentimientos de felicidad en otros. Gracias a sus expresiones faciales, lograban reducir sus propios sentimientos de agresión e ira.

Un estudio realizado por investigadores de la Universidad de Bristol mostró cómo un grupo de adolescentes con comportamientos agresivos y alto riesgo de cometer delitos cambiaron su estado de ánimo. Los jóvenes se sintieron alegres después de ver a un grupo de voluntarios realizando una serie de expresiones faciales de felicidad. Ese mismo experimento se realizó posteriormente con adolescentes y los investigadores encontraron un resultado similar. De hecho, se redujeron los incidentes agresivos en los participantes durante las próximas semanas.

La forma en que controlamos nuestras emociones es de gran importancia para nuestra salud mental y la de otros. Ahora que conoces la forma en la que podemos influir en las personas que nos rodean a partir de nuestras propias expresiones y sentimientos, te invitamos a que seas portador de alegría y la repartas dondequiera que vayas. ¡<u>Contagia tu emoción</u>! Una sonrisa puede marcar la diferencia. El mundo necesita un poco más de felicidad,

FELICIDAD SOSTENIDA

CAPITULO 24
FELICIDAD NATURAL Y SINTETICA EN LA JUVENTUD Y VEJEZ.

En el libro del Dr. Daniel Lopez Rossetti: Emoción y Sentimiento, publica estadísticas mundiales que conforman lo que él llama la U de la felicidad. En el extremo superior izquierdo de esa U se situaría la gente a los 20 años. Felicidad plena, juventud, alegría, libertad, etc. Luego a medida que avanza la vida, los niveles de felicidad disminuyen por todas las complicaciones de carrera, familia, ambición, etc. El fondo de la U es la década entre los 40 y los 50 años, la complicamos tratando de explicarla, se razona demasiado. La buena noticia es que luego comienza de nuevo a ascender la felicidad a medida que envejecemos porque valoramos mas lo que tenemos, baja la ambición desmedida, vives el tiempo presente, superaste muchas pruebas, ya sientes mas y razonas menos. Entonces el extremo superior derecho de la U vendría siendo entre los 60 y los 70 años de edad. Edad dorada y de gran bienestar.

Daniel Todd Gilbert es un afamado psicólogo social y escritor americano. Es el profesor de la Universidad de Harvard, y es conocido por sus investigaciones sobre la *predicción afectiva*. Autor del bestseller internacional "Tropezar con la felicidad", que ha sido traducido a más de 30 idiomas y ganó el Premio Aventis en el año 2007

Gilbert dice, todos tenemos la capacidad de sintetizar la felicidad, pero no siempre es fácil porque solemos pensar que la felicidad es "algo que se encuentra".

Es así como el catedrático plantea que **hay dos tipos de felicidad: la natural y la sintética.**

La felicidad natural, explica Gilbert, es la que experimentamos cuando conseguimos lo que queremos y la sintética es la que fabricamos cuando "no tenemos lo que deseábamos".

Según el investigador, el adjetivo "sintético" nos genera suspicacia a muchos de nosotros porque «pensamos que la felicidad sintética no es de la misma calidad que la que podríamos llamar felicidad natural».

"En nuestra sociedad tenemos la fuerte creencia de que la felicidad sintética es inferior. ¿Por qué creemos eso? Bueno, es muy simple. ¿Qué tipo de maquinaria económica seguiría girando si creyésemos que no tener lo que queremos nos hará igualmente felices que tenerlo?", argumenta el profesor.

La libertad

Gilbert cree firmemente que la felicidad sintética es tan real y duradera como la que nos hace saltar cuando conseguimos lo que tanto queremos.

Y sus efectos son igualmente beneficiosos para nuestro organismo.

Muchas opciones a veces pueden aturdirnos.

Para demostrar ese punto, el investigador apela a un paradigma de más de 60 años que se conoce como el paradigma de la libre elección.

Tras hacer experimentos con participantes de diferentes perfiles y distintos contextos, el profesor concluye que **la libertad** entendida como la habilidad de tomar decisiones y cambiar de opinión es amiga de la felicidad natural, pero se convierte en la enemiga de la felicidad sintética.

Y es que, explica el profesor, el sistema inmunológico psicológico **funciona mejor cuando no tenemos opciones.**

"Esa es la diferencia entre el noviazgo y el matrimonio", reflexiona el investigador.

"Cuando tienes una cita con un chico y ves que se mete el dedo en la nariz, ni se te ocurre volver a salir con él", dijo en la charla TedTalk.

Pero, ¿qué pasa si estás casada con el chico que se metió el dedo en la nariz? Te dices a ti misma: "No importa, **tiene un corazón de oro.** Pero que no vaya a tocar el pastel».

Así es como funciona la felicidad sintética: **"Vas a encontrar una manera de estar feliz con lo que sucedió"**; hallar una manera de ser feliz con lo que tienes.

Y, advierte el psicólogo, "no saber esto puede volverse una desventaja suprema".

Ambición con límites

Gilbert explica que es bueno tener preferencias cuando, por ejemplo, proyectamos nuestro futuro y lo comparamos con otros escenarios potenciales o cuando nos anticipamos a lo que sucederá.

Pero, pide precaución. "Cuando esas preferencias nos arrastran extremadamente fuerte y rápido porque **hemos sobrevalorado la diferencia** entre esos futuros, estamos en riesgo», advierte.

Esta ambición es desenfrenada, nos lleva a mentir, a engañar, a robar, a lastimar a otros", considera Gilbert.

"Cuando nuestra ambición es limitada, nos lleva a trabajar con alegría. Cuando **nuestra ambición es desenfrenada, nos lleva a mentir**, a engañar, a robar, a lastimar a otros, a sacrificar cosas que tienen un valor real", dice Gilbert.

"Cuando nuestros temores son limitados, somos prudentes, precavidos, reflexivos. Cuando nuestros temores son desenfrenados, somos imprudentes, pretenciosos y cobardes", agrega.

El mensaje clave de Gilbert, basado en sus experimentos, es que "hasta cierto punto exageramos nuestros anhelos y nuestras preocupaciones, pero por dentro, todos **tenemos la capacidad** de generar ese mismo producto de valor que perseguimos constantemente cuando optamos por la experiencia".

Y ¿cómo nos ayuda con los fracasos?

Para entender como la teoría desarrollada por Gilbert nos puede ayudar a lidiar con los fracasos, es clave retomar el concepto del sistema inmunológico psicológico.

Gracias a que el cerebro cuenta con él, podemos cambiar la forma en que percibimos lo que nos sucede y convencernos de que lo que perdimos (un empleo, un premio, una novia) o lo que sea que no conseguimos no nos iba a hacer tanto bien como creíamos.

Podemos potenciar nuestra felicidad sintética.

Se trata de un proceso de adaptación y de aceptación de lo que nos pasa y eso nos permite superar las desilusiones y seguir adelante.

Es así como muchas personas encuentran la felicidad en situaciones difíciles.

Lorenzo Campins

FELICIDAD SOSTENIDA

CAPITULO 25
FELICIDAD Y COLECTIVO

Recientemente ví una entrevista de Facundo Manes, neurocientífico argentino y presidente de la Fundación Ineco. En mi opinión uno de los científicos de vanguardia mas preclaros de nuestro tiempo. Pero porqué es pertinente la neurociencia a la felicidad? En la neurociencia residen la conciencia, la identidad, el libre albedrío, su estudio, su comprensión y su evolución. Según Manes, el cerebro necesita al cuerpo para expresarse. Algunas emociones como el amor, se perciben en el corazón, otras como el miedo en el vientre, otras en la piel. Por eso para Facundo el dilema de la inteligencia artificial y por ende de la felicidad artificial no sería nunca ni similar a su par humano. – que máquina puede simular o sustituir el abrazo que te dio tu madre- comenta Manes.

Podríamos entonces metaforizar que como en una guitarra son las cuerdas las que generan la música, pero es la caja de resonancia la que permite su expresión perfecta.

En la mencionada entrevista Manes hacía alusión a los circuitos de bienestar y placer en el cerebro. Explicaba que los activadores del circuito de placer del cerebro humano son muchos, los mas obvios: alcohol, drogas, sexo, dinero. Lo menos obvios: ver a un hijo o hija, o incluso un acto altruista. Sí, leyeron bien. Manes afirma que mas allá de lo racional el ser humano puede ser altruista, solo que hemos sido condicionados para no serlo porque se ha estigmatizado el altruismo y se ha glorificado el egoísmo. Pero lo lo interesante y relevante es saber de una fuente de envergadura mundial como Facundo Manes que AYUDAR, APOYAR Y SERVIR no son solo son acciones nobles sino que también producen una importante descarga de felicidad a quien las practica. Esto reivindica cualquier inquietud o iniciativa frustrada que hayamos tenido en nuestra vida por contribuir con una causa o incluso con una persona. Esto eleva la opción de la ayuda y el servicio a la jerarquía de necesidad para cualquier ser humano. Porque necesidad? Simple. La felicidad –lo hemos visto en este libro- es un cúmulo de factores combinados y dosificados adecuadamente para generar un flujo mental de bienestar. Entonces si ayudar a otros, no solo es noble sino que nos va a ayudar con ese flujo, pues necesitamos cultivar esa práctica hasta integrarla – no como excepcional- sino como cotidiana a nuestra vida.

CAPITULO 26
MI RECETA BASICA

1. Revisa tus expectativas y sé consciente de ellas. Que estas sean expansivas, no condicionantes. En la incertidumbre está el infinito de posibilidades dijo Einstein

2. Optimista si pero con medida. No siempre todo sale bien: planes, vacaciones, proyectos, productos, pareja, etc. La clave es grandes metas y pequeños objetivos que me permitan monitorear mi progreso y rectificar si es necesario.

3. Aprecia y agradece. Desde la perspectiva de dos poderes: una personal y uno superior. Empieza por el poder personal y reconoce tu mérito en todo lo bueno de tu vida. Luego honra el poder superior por darte vida, sol, aire, comida, discernimiento, etc. Luego ejerce algo que yo llamo la gratitud creativa. Una vez al mes busca cosas distintas por la que agradecer.

4. Abandona la queja. Sobre otras personas, sobre la situación, los políticos, el país, etc. La queja es la misma energía de la gratitud con polaridad opuesta. La gratitud te acerca a tu yo superior, la queja te aleja.

5. No te tomes nada personalmente. Este uno de los postulados de los acucrdos de Don Miguel Ruiz. A mi me parece genial pues me permite descargarme de la aburrida tarea de ir llevando cuenta de los agravios recibidos por todo el mundo.

6. Acepta la muerte. Te suena descabellado hablar de muerte

en una receta para la felicidad? Pues no lo es. El miedo a la muerte es el mayor temor del ser humano. Al abrazarlo lo reconozco y lo puedo superar integrándolo como parte de la vida. Si esto te atormenta te recomiendo mi libro VIVE SIN MIEDO.

7. Cambia tu percepción del tiempo. Cuando me preguntan cuantos años tienes? Respondo: Yo creo que unos 25 con suerte. Inmediatamente me dicen pero si tu eres sesentón... Y allí replico: esos sesenta no los tengo, ya los gasté...

8. Auto-imagen y auto-confianza son piedras angulares de la felicidad. Cultívalas. Hay imágenes a tener en cuenta: la que tienes de ti, la que los demás perciben de ti, la verdadera esencia de quien eres.

9. Trata de conocer al menos un lugar nuevo o emprender una actividad nueva cada año. Esto te mantendrá siempre conectado con nuevos proyectos.

10. Monitorea tu diálogo interno. Un dialogo interno negativo puede ser devastador. Se gentil contigo mismo y los demás responderán a eso.

11. Cero estres. Deja de lado la preocupación por ser feliz, se trata de entrar en resonancia con aquello que anhelas. No hablo de solo imaginar pasivamente, hablo de un trabajo personal asertivo y sostenido, pero sin stress.

12. Ayuda a otros. Inspirando, educando, motivando, divulgando, apoyando, acompañando. Incluir a otros en el guión de tu vida potencia tu felicidad.

13. Cada día toma una pausa, y observa lo que te rodea con el desapego y objetividad de alguien que ve una película. Esto te devuelve la perspectiva.

14. Reduce tu tiempo de pantalla y aumenta tu tiempo de cara a cara. Las redes sociales son magníficas pero no son tan reales como un café con un amigo o amiga.

15. No vayas por la vida esperando que te valoren. La máxima autoridad en tus fortalezas eres tu mismo. Valórate y los demás también lo harán.

16. Da siempre mas de lo que recibes. Pero no des lo que te sobre, dá lo que te duela dar. Esto te empujará hacia una frecuencia vibratoria altruista cuyo efecto secundario es la felicidad residual.

17. Arriésgate. El mundo es de los temerarios. La felicidad no radica en haber triunfado siempre, sino en haberlo intentado.

18. Encuentra tu ritmo. No vivas a la velocidad de otros sean personas, empresas o culturas. Reconciliate con los ritmos naturales: amanecer, atardecer, ciclos lunares, solsticio, equinoccio, vigilia, sueño, actividad y descanso.

19. Usa a diario estas tres palabras: POR FAVOR; GRACIAS Y PERDON. Son palabras simples y cotidianas pero ellas abren puertas y tocan el corazón de las personas cuando quien las dice los hace con verdadero sentido.

20. Evita a las personas TOXICAS. Hay tóxicos generales y tóxicos privados, es decir personas que le resultan difíciles de tratar a mucha gente y otros que solo te resultan insoportables a ti. Sin caer en juicios, evítalos, pero si hubiera alguien a quien no puedes evitar –como un jefe- te sugiero que use un impermeable psicológico. Es un artificio mediante el cual tu te vuelves invulnerable a la toxicidad de esa persona mientras lo llevas puesto.

21. Cree en algo, dios, el cosmos, un poder superior, lo que

quieras pero cree en algo. No hablo de fanatismos religiosos, hablo de algo que el físico ganador del premio Nobel Max Plank llamó la matriz divina. Una energía que permea todo tiempo y espacio. Creer en ese algo facilita tu vida, te da optimismo, esperanza y conexión, acortando así el trecho entre tu y tu felicidad.

CAPITULO 27
TEST DE FELICIDAD

¿Eres feliz? Test para medir tu felicidad

La felicidad es:

1. a) Una cosa que se consigue

2. b) Un estado de ánimo

3. c) Una actitud ante la vida

¿Qué es imprescindible para ser feliz?:

1. a) Conseguir las metas de tu vida

2. b) Valorar lo que tienes y ser agradecido

3. c) Querer firmemente ser feliz

¿Serías feliz con un poco más de dinero?

1. a) Seguro que sí, porque podría conseguir muchas de las cosas que quiero

2. b) Quizás no, pero ayudaría

3. c) En absoluto, no tiene nada que ver

¿A qué dedicas el tiempo libre?

1. a) El poco tiempo libre que tengo lo uso para descansar

2. b) Depende del ánimo que tenga, pero intento darme algún capricho

3. c) Adoro el tiempo libre para disfrutarlo haciendo aquello que me gusta

¿Cómo reaccionas frente a los problemas?

1. a) Me agobio mucho, no resisto ante la presión

2. b) Me preocupo e intento buscar soluciones

3. c) Todos los problemas tienen una solución, así que creo que lo mejor es afrontarlos de frente y actuar

¿Crees que tienes todavía mucho por vivir y descubrir?

1. a) Creo que ya he hecho todo lo que tenía que hacer en la vida

2. b) A veces noto que falta algo en mi vida, una experiencia que me descubra algo nuevo

3. c) Para mi la vida siempre tiene cosas fantásticas por descubrir, nunca sabemos lo suficiente

¿Sientes que la gente te quiere?

1. a) A veces pienso que la gente sólo me valora por el interés o por lo que les doy

2. b) Me siento querido/a, pero noto que a veces no me comprenden

3. c) Por supuesto, y yo hago todo lo posible por hacer felices a los demás

RESULTADOS:

Mayoría de A:

Si has contestado a la mayoría de las preguntas la **opción A** necesitas **cambiar** ya mismo **de actitud**. Sientes que la **felicidad** es algo imposible de conseguir y **te atascas con cada problema** que te presenta la vida. Definitivamente **no eres feliz**, pero sólo tú puedes cambiar eso. Deja de ver la **felicidad** como algo externo y **actúa.**

Debes empezar por **cambiar de actitud** y dejar de cometer **errores que te impiden ser feliz**, algunos de los que ya hablamos en **Espiritualmente en este artículo**. Si quieres conocer más **consejos para ser feliz, en Espiritualmente hemos escrito algunos libros**.

Mayoría de B:

Tu estado de **ánimo** va cambiando según el día. Eres **feliz,** pero a veces crees que **te falta algo**, notas cierta sensación de **vacío** en tu vida. Y, aunque sabes **apreciar** y **disfrutar** de las **pequeñas cosas** de la vida, no siempre te resultan suficientes.

Mayoría de C:

Felicitaciones! Sabes que la **felicidad depende sólo de ti**, eres **feliz** y **disfrutas** de la vida al máximo.

FELICIDAD SOSTENIDA

EPÍLOGO

La Felicidad es una conquista humana y no le pertenece a ninguna cultura, doctrina o religión. Es un derecho individual y así debe ser lograda.

LA FELICIDAD COTIDIANA es la que te invito a cultivar. No se trata de un estado alterado de conciencia, por el contrario se trata de estar totalmente presentes y conscientes en todo lo que hacemos.

Esta felicidad cotidiana no es un fuego abrasador sino una pequeña llama que arde constante y serenamente. No es éxtasis ni euforia es bienestar y sosiego. No son fuegos artificiales, es una luz confiable que brilla desde tu plexo solar para iluminar el sendero de tu vida, un paso a la vez. Siempre aclaro que mis libros no son proyectos personales sino esfuerzos de divulgación y ayuda, pero este caso es diferente. En estas páginas hay mucho mas conocimiento vivencial que textual. Mi vida no es perfecta pero soy feliz, principalmente porque con cada libro escrito me alineo con mi propósito de vida que es aprender, ayudar, servir y sanar.

Haber encontrado la felicidad en mi caso no fue un golpe de suerte, o una herencia, o un billete de lotería, fue un largo pero fascinante trayecto de vida que me llevo a investigar, experimentar y errar muchas veces para poder asimilar y ahora compartir la información que les brindo hoy en esta obra. Mi deseo es que ayude a incorporar hàbitos nutritivos y a desechar otros mas bien tóxicos para que puedan alcanzar ese derecho divino con el que todo ser humano nace: SER FELIZ.

FELICIDAD SOSTENIDA

La felicidad no se persigue, ni se consigue evitando la infelicidad. La felicidad es un efecto secundario de estar bien, hacer el bien y tener claridad de visión y propósito en la vida.

indice

Lorenzo Campins

FELICIDAD SOSTENIDA